Rainer Beckmann u.a.

ABTREIBUNG
in der Diskussion

Fünfzig Behauptungen
und ihre Widerlegung

CIP-Kurztitelaufnahme der Deutschen Bibliothek

Beckmann, Rainer u.a.
Abtreibung in der Diskussion
— Fünfzig Behauptungen und ihre Widerlegung
Rainer Beckmann — 2.Aufl.— Krefeld: SINUS-Verlag, 1991
ISBN 3-88289-805-4

Herausgegeben von:
Aktion Lebensrecht für Alle e.V. (ALfA)
Christdemokraten für das Leben e.V. (CDL)
Juristen-Vereinigung Lebensrecht e.V. (JVL)
Liberaler Gesprächskreis Lebensrecht (LGL)
PRO VITA — Freikirchliche Initiative für das Leben

Redaktion:
Rainer Beckmann
Koordination:
Prof. Dr. Rudolf Schöttler

1. Auflage Januar 1991
2. Auflage Juni 1991
© SINUS-Verlag GmbH, Krefeld 1991
Alle Rechte vorbehalten
Umschlaggestaltung: Vennekel & Partner, Krefeld
Druck: Stammes KG, Tönisvorst
Printed in Germany
ISBN 3-88289-805-4

Inhalt:

Fünfzig Behauptungen in der Abtreibungsdiskussion und ihre Widerlegung:

Dokumentation:

Verfasser der einzelnen Stichworte (Kürzel):

Rainer Beckmann (be)
Dr. Winfried Kluth (kl)
Karl Lenzen (le)
Hans Gerhard Noll (no)
Dr. Wolfgang Philipp (ph)
Prof. Dr. Hermann Schneider (schn)
Prof. Dr. Rudolf Schöttler (schö)
Dr. Maria Simon (si)

Für den Inhalt und die Formulierung der Stichworte sind die
jeweiligen Verfasser verantwortlich. Sie geben nicht
unbedingt in jedem Fall die Meinung der Herausgeber
wieder.

Vorwort

Im Zuge der deutschen Wiedervereinigung ist das Thema „Abtreibung" erneut in den Mittelpunkt gesellschaftlicher und politischer Auseinandersetzungen geraten. Die Einführung rechtsstaatlicher Verhältnisse auf dem Gebiet der ehemaligen DDR hat nicht für alle Bevölkerungsgruppen stattgefunden. Ausgerechnet für die schwächste Minderheit, die noch nicht geborenen Kinder, bleibt das alte Unrechtssystem zunächst bestehen. Durch die Fortgeltung des „Rechts auf Abtreibung" in den Ländern der ehemaligen DDR - die befristete Tötungsfreigabe ungeborener Kinder -, werden die Fundamentalnormen des Grundgesetzes, die Menschwürde und das Recht auf Leben, mißachtet. Die Chance, daß bald eine bessere Regelung für ganz Deutschland geschaffen wird, ist gering. Starke politische Kräfte bemühen sich sogar, den ohnehin schwachen und nur noch teilweise vorhandenen Rechtsschutz der ungeborenen Kinder für das vereinigte Deutschland völlig zu beseitigen.

Als Argumente für den Erhalt bzw. die Einführung der „Fristenlösung" dienen alte Schlagworte und seit Jahren benutzte und widerlegte Behauptungen. Im vorliegenden Buch werden die von Befürwortern einer weitgehenden Abtreibungsfreigabe verwendeten Argumente sachlich und nüchtern widerlegt. Wer sich für den Schutz des ungeborenen Kindes bereits einsetzt, erhält eine fundierte Argumentationsgrundlage. Alle kritischen und um Klärung bemühten Staatbürger finden umfangreiche medizinische, rechtliche und gesellschaftspolitische Informationen. Die Gegenseite schließlich bleibt aufgefordert, endlich in gleicher argumentativer Weise ihre Position zu begründen.

Das Buch ist aus einer Anregung und in Zusammenarbeit der herausgebenden Vereinigungen entstanden. Es wurde weitgehend von Rainer Beckmann formuliert, der sich seit einigen Jahren in zahlreichen Zeitungsartikeln und Beiträgen für andere Publikationen mit dem Thema auseinandergesetzt hat. Wir danken ihm, den weiteren Autoren und allen, die mit vielen nützlichen Hinweisen zum Gelingen dieses Projekts beigetragen haben.

Der vorliegende Argumentationskatalog ist ein Zeichen der Kooperation unserer Gruppen. Gemeinsam mit Hunderten weiterer Lebensschutzinitiativen arbeiten wir auf örtlicher und überörtlicher Ebene. Die Motivation und die Arbeitsweise der einzelnen Organisationen sind unterschiedlich. Manche sind sozial, andere religiös, wieder andere rechtspolitisch oder parteipolitisch engagiert. Über allem Handeln steht das gemeinsame Ziel, das unverfügbare Lebensrecht des Menschen vom Anfang bis zum Ende seines Lebens zu verteidigen.

Prof. Dr. Hedwig Seelentag,
Aktion Lebensrecht für Alle e.V.

Johanna Gräfin von Westphalen,
Christdemokraten für das Leben e.V.

Bernward Büchner, Juristen-Vereinigung Lebensrecht e.V.

Liesel Dahmen, Liberaler Gesprächskreis Lebensrecht

Dr. Wolfgang Furch,
PRO VITA - Freikirchliche Initiative für das Leben

Einführung

In der Diskussion um die Abtreibung tauchen immer wieder die gleichen oder zumindest gleichartige Argumente auf. Vor allem in öffentlichen Veranstaltungen und in Zeitungs- und Fernsehberichten werden stereotyp dieselben Behauptungen vorgebracht, um Abtreibungen zu rechtfertigen oder Veränderungen der unbefriedigenden Gesetzeslage zu verhindern. Der Durchschnittsbürger, der sich mit dem unangenehmen Thema der vorgeburtlichen Kindestötung in aller Regel nicht näher befaßt, wird durch die einseitige „Information" in den Massenmedien manipuliert.

Es ist nicht leicht, gegen Schlagwörter anzukommen, die sich einmal festgesetzt haben. Manches kurze Schlagwort ist nur mit einer ausführlichen Argumentation zu widerlegen. An Vernunftgründen, die gegen die Tötung ungeborener Kinder sprechen, fehlt es nicht. Sie müssen aber argumentativ aufbereitet und verbreitet werden. Die überschaubare Zahl der Behauptungen, die in der gesellschaftspolitischen Auseinandersetzung um die Abtreibung Verwendung finden, ermöglicht es, sich schon im Vorfeld von Diskussionen auf die potentiellen Gegenargumente einzustellen. Vorbereitete Antwortmodelle können dazu beitragen, schlagfertig zu reagieren und scheinbar einleuchtende Argumentationsmuster zu entkräften.

Dem dient die folgende Sammlung von Argumenten. Bei jedem der fünfzig Stichworte wird den Behauptungen der Abtreibungslobby oder anderen „schiefen" Einwendungen gegen einen konsequenten Lebensschutz die Argumentation aus der Sicht der Menschenwürde und des Rechts auf Leben gegenübergestellt. In der ersten Gruppe von Argumenten (Nr. 1 bis 11) wird der Kern der Abtreibungsproblematik, die Tötung des ungeborenen Kindes, angesprochen. In den Punkten 12 bis 19 wird auf die Interessen und Rechte der Frau eingegangen. Der fatalistischen Einstellung, man könne im Bereich des Lebensschutzes ohnehin keine Verbesserungen erreichen, wird in der dritten Argumentationsgruppe (Nr. 20 bis 24) entgegengetreten. Die Punkte 25 bis 34 befassen sich mit der Gesetzeslage gemäß den Paragraphen 218 ff. des Strafgesetzbuches. Von vielen werden die gesetzlichen Bestimmungen „theoretisch" für ausreichend gehalten, beklagt wird nur ein „Mißbrauch des Gesetzes". In den Behauptungen Nr. 35 bis 42 geht es um den Sinn von Strafbestimmungen, „restriktiven Gesetzen" und anderen Maßnahmen zum Schutz ungeborener Kinder. Die aktuelle Diskussion über eine Neuregelung des Abtreibungsstrafrechts in ganz Deutschland hat ihren Niederschlag in den Punkten 43 und 44 gefunden. Weitere, nicht in eine der genannten Kategorien einzuordnende, aber nicht weniger wichtige Behauptungen werden schließlich in Nr. 45 bis 50 widerlegt.

Die einzelnen Punkte sind in sich geschlossen bearbeitet, so daß im Grunde an jeder beliebigen Stelle des Buches - je nach persönlichem Interesse - mit dem Lesen begonnen werden kann. Da sich bestimmte Einwände nicht in jeder Hinsicht exakt voneinander abgrenzen lassen, sind auch gewisse Überschneidungen bei den Antworten nicht zu vermeiden. Inhaltliche Beziehungen zwischen verschiedenen Stichpunkten sind durch Querverweise deutlich gemacht. Auf Literaturangaben wurde der guten Lesbarkeit halber fast völlig verzichtet. Im Text wird gelegentlich nur die Entscheidung des Bundesverfassungsgerichts zur „Fristenlösung" vom 25. Februar 1975 zitiert (die Fundstelle in der amtlichen Entscheidungssammlung, Band 39, wird mit „BVerfGE" zuzügl. der Seitenzahl angegeben). Auszüge dieses Urteils sind auch im Dokumentationsteil (III.) wiedergegeben.

Selbstverständlich wird kein Anspruch auf Vollständigkeit erhoben - weder was die Behauptungen, noch was die Antworten betrifft. Kritik und Anregungen werden von den Verfassern und den Herausgebern gerne entgegengenommen.

Rainer Beckmann

Fünfzig Behauptungen in der Abtreibungsdiskussion und ihre Widerlegung

„Kein Mensch" (1)

„In der ersten Zeit der Schwangerschaft existiert noch gar kein richtiger Mensch. Der Embryo ist zwar 'menschliches Leben', aber noch kein Kind. Das ungeborene Leben kann nicht mit einem geborenen Kind auf die gleiche Stufe gestellt werden — jedenfalls werden in der Diskussion verschiedene Anknüpfungspunkte für einen Wertunterschied genannt."

Der Mensch ist Mensch von Anfang an

Die in der Embryologie (Lehre von der vorgeburtlichen Entwicklung des Menschen) gewonnenen medizinischen Erkenntnisse sind eindeutig: die vorgeburtliche Entwicklung des Menschen ist ein kontinuierlicher Vorgang ohne qualitative Sprünge. „Der Mensch entwickelt sich nicht *zum* Menschen, sondern *als* Mensch" (Prof. Erich Blechschmidt). Die modernen Verfahren der pränatalen Diagnostik bestätigen dies immer wieder eindrucksvoll. Der Beginn des individuellen menschlichen Lebens ist keine „Ansichts-" oder „Glaubenssache" mehr.

In der Diskussion werden aber häufig bestimmte Zeitpunkte genannt, die als entscheidend für die „Menschwerdung" angesehen werden:

● die *Geburt,*
● die *Überlebensfähigkeit außerhalb des Mutterleibes* (extrauterine Lebensfähigkeit),
● das *12-Wochen-Alter* (Fristenregelung),
● die *Gehirnentwicklung* (in Analogie zum „Hirntod") oder
● die *Einnistung* (Nidation) des Embryos in die Gebärmutterschleimhaut.

„Kommunikationsfähigkeit" und „personales Bewußtsein" werden als Anknüpfungspunkte für „Menschsein" ebenfalls

gelegentlich genannt, spielen aber in der gesellschaftspolitischen Diskussion keine nennenswerte Rolle, da die Anerkennung dieser Kriterien dazu führen müßte, noch geraume
Zeit nach der Geburt Tötungshandlungen zuzulassen.

Oft wird in Streitgesprächen und Diskussionen einer in-
haltlichen Auseinandersetzung mit den genannten Stadien
der pränatalen Entwicklung ausgewichen. Es wird nur auf
die unterschiedlichen Meinungen und Anknüfungspunkte
hingewiesen ohne sie einer ernsthaften und rationalen Überprüfung unterziehen zu wollen. Es kann aber im einzelnen
dargelegt werden, daß jeder der oben genannten Zeitpunkte
für den Lebensbeginn des Menschen nicht entscheidend ist
(siehe dazu Punkt 3 - 7). Allgemein läßt sich sagen: Die be-
fruchtete menschliche Eizelle enthält von Anfang an die
Entfaltungskraft zur Entstehung aller späteren Entwicklungsstadien. Der geborene Mensch geht aus dem ungeborenen in einem kontinuierlichen Entwicklungsprozeß hervor,
der keine „Zäsuren" oder „Einschnitte" aufweist, die eine
qualitative Differenzierung erlauben würden. Der ungeborene Mensch ist deshalb von Beginn seines Lebens an, d.h. ab
der Befruchtung, genauso schützenswert, wie die späteren
Entwicklungsformen des Menschen (Neugeborenes, Kind,
Jugendlicher, Erwachsener, Greis).

Gegen das schon von der befruchteten Eizelle erfüllte Kriterium der von Anfang an bestehenden Entwicklungsfähigkeit wird eingewandt, daß es den Schutz des menschlichen
Lebens ins Uferlose ausdehnen würde. Leben entstünde immer aus vorhergehendem „Leben" − jede Zelle entsteht aus
anderen lebenden Zellen − und sei deshalb vom Beginn her
nach rein naturwissenschaftlichen Kriterien nicht zu begrenzen. Auch einzelne Gewebe- oder Samen- bzw. Eizellen sei-
en „Leben". Man müsse deshalb eine gesellschaftspolitisch
sinnvolle, „praktische" Grenze ziehen (z.B. den Geburtster-
min als Zeitpunkt der „Menschwerdung" festsetzen). Dieser
Auffassung ist jedoch entgegenzuhalten, daß es hier nicht
um „Leben" an und für sich, auch nicht um vorindividuelles

nur „artspezifisches" menschliches Leben geht, sondern daß die Existenz eines konkreten menschlichen Lebewesens in Frage steht. Die biologisch-physiologische Grundlage eines konkreten Menschen, die alle Entwicklungspotenz zur weiteren Entfaltung beinhaltet, liegt erst mit der befruchteten Eizelle vor. Gewebezellen oder einzelne Keimzellen weisen diese Fähigkeit nicht auf. Auch wenn man sie noch solange in einer Nährlösung aufbewahrt, werden sie sich niemals zu Menschen entwickeln.

Wer die Entwicklungsfähigkeit der befruchteten Eizelle als Kriterium für unzureichend hält und das „Menschsein" von bestimmten intellektuellen oder körperlichen Entwicklungen abhängig machen will, sollte die gefährlichen Konsequenzen seiner Haltung bedenken: was könnte dann noch jemandem entgegengehalten werden, der bestimmte Gruppen von geborenen Menschen ausgrenzen und beseitigen will, weil ihnen angeblich bestimmte geistige oder körperliche Fähigkeiten eines „vollwertigen" Menschen fehlen (alte und kranke Menschen, geistig bzw. körperlich Behinderte, „minderwertige" Rassen, „lebensunwertes" Leben)?

Zwischen der Achtung vor dem Leben des Menschen am Anfang seiner Entwicklung und dem Verhalten gegenüber behinderten und alten Menschen besteht ein Zusammenhang. Wird das Recht auf Leben bestimmter Menschen geleugnet, gerät der gesamte Lebensschutz ins Wanken. Nach der „Liberalisierung" der Abtreibungsgesetze wird jetzt auch zunehmend die Forderung nach „aktiver Sterbehilfe" laut. Erste Auswirkungen der neuen Euthanasiedebatte sind schon sichtbar. Auf der Jahrestagung 1990 der Deutschen Gesellschaft für Rechtsmedizin wurde die Befürchtung geäußert, daß es zu einer starken Zunahme unnatürlicher Todesfälle bei alten Menschen in Pflegeheimen und Krankenhäusern kommen werde. Schon jetzt steige die Zahl der Todesfälle, bei denen Patienten offenbar durch eine Überdosis an Psychopharmaka oder Herzmittel vergiftet worden seien!

Wenn die Achtung vor dem Lebensrecht des anderen nicht gänzlich schwinden soll, dann muß jede Beeinträchtigung – in welcher Phase der Entwicklung sie auch stattfindet – konsequent bekämpft werden. Der Schutz des Lebens ist unteilbar. (be)

„*Biogenetisches Grundgesetz*" (2)

„In seiner vorgeburtlichen Entwicklung durchläuft jeder Mensch noch tierische Entwicklungsphasen, wie sie auch der Mensch als Gattung in seiner Entwicklungsgeschichte durchlaufen hat. Wird in einem dieser vormenschlichen Stadien eine Abtreibung durchgeführt, kann man nicht von der ‚Tötung eines Menschen' sprechen."

Jede Entwicklungsphase des Menschen ist rein menschlich

Das 1866 von dem Zoologen Ernst Haeckel (1834-1919) formulierte „biogenetische Grundgesetz", welches besagt, daß jeder Mensch in seiner individuellen Entwicklung alle Phasen durchlaufe, die die Gattung Mensch nach evolutionistischer Auffassung entwicklungsgeschichtlich durchlaufen hat (auch tierische Entwicklungsphasen), ist durch die unbestrittenen Forschungsergebnisse der modernen Embryologie widerlegt. Alle Phasen der menschlichen Embryonalentwicklung sind humanspezifisch. Die angeblichen „Kiemenspalten" des frühen Embryos haben sich als einfache Beugefalten erwiesen, die aufgrund der Wachstumskrümmung des Embryos entstehen. Niemand konnte bisher belegen, welche tierischen Entwicklungsstadien (Haeckel selbst sprach von 30 Arten) der Mensch in der Embryonalzeit „rekapitulieren" soll. Das „allgültige Grundgesetz" (Haeckel) versagt aber nicht nur beim Menschen. Auch bei allen Tierarten und den Pflanzen erweist es sich als haltlose Spekulation. Sollen etwa Insekten, die ein Puppenstadium kennen, Vorfahren ohne Fortbewegung und Nahrungsaufnahme gehabt haben? Katzen werden mit verschlossenen Augen geboren – sollen ihre Vorfahren blind gewesen sein? Zur „Entdeckung" des „biogenetischen Grundgesetzes" kam es nur, weil Haeckel nach einem Beweis für die Darwin'sche Evolutionstheorie suchte und in den äußerlichen groben Ähnlichkeiten von Tier- und Menschenembryos fündig geworden zu sein glaubte. Daß es diese äußeren Ähnlichkeiten zwischen Menschen und Wirbeltieren gibt, ist selbstverständlich. Die Entwicklung des Menschen und die der Wirbeltiere beginnt jeweils bei einer Zelle und endet jeweils beim Erwachsenenstadium mit Schädel, Wirbelsäule, zwei Augen, Herz, Leber, Nieren etc. Wenn Anfangs- und Endzustand diese Ähnlichkeiten aufweisen, sind solche auch bei den Zwischenstadien zu erwarten. Bei genauer Betrachtung ist jedoch ein spezifischer Entwicklungsunterschied von Anfang an erkennbar, der sich im Einzell-Stadium schon wesentlich durch den spezifischen menschlichen Chromosomensatz (Erbsubstanzträger) bemerkbar macht. Wo das von ihm benötigte Tatsachenmaterial nicht ausreichend war, hat Haeckel – was er später auch zugeben mußte – sogar Fälschungen benutzt, um seine These zu stützten.   (schn)

„Geburt" (3)

„Solange das Kind nicht geboren ist, ist es ein Teil des mütterlichen Organismus. Erst mit der Geburt ist ein selbständiges Lebewesen, ein Mensch vorhanden."

Geburt nicht entscheidend

Das ungeborene Kind ist kein „Teil der Mutter". Das Kind stellt einen eigenen Organismus dar, der von dem der Mutter klar unterscheidbar ist. Ab dem 23. Entwicklungstag sind die eigenen Herzschläge des Embryos nachweisbar, er hat einen von der Mutter unabhängigen Kreislauf mit eigenem „Motor". Er kann eine andere Blutgruppe besitzen und hat ein eigenes Immunsystem. Jede einzelne Zelle des Kindes ist von den Körperzellen der Mutter genetisch verschieden. Der „genetische Fingerabdruck", d.h. die an einem bestimmten Aufbau des Erbguts feststellbare Einzigartigkeit jedes Menschen, ist z.B. auch vor Gericht zum Nachweis der Identität eines Menschen zugelassen. Das Kind benötigt vom mütterlichen Organismus lediglich Sauerstoff und Nährstoffe, damit es wachsen und sich entfalten kann.

Obwohl die Geburt heute kaum noch ernsthaft als Zeitpunkt der „Menschwerdung" angesehen wird, ist für viele Menschen die Geburt doch ein ganz wesentlicher Augenblick im Werdegang eines Menschen. Erst nach der körperlichen Trennung des Kindes von der Mutter scheint ein „selbständiges" Wesen entstanden zu sein. Das Neugeborene ist aber auch weiterhin von der Versorgung durch andere abhängig. Ohne Wärme und Nahrung müßte es innerhalb von Stunden oder Tagen sterben. Vor der Geburt wird das Kind vom Körper der Mutter mit den zur Entwicklung notwendigen Stoffen versorgt und gegen schädliche Umwelteinflüsse abgeschirmt. Die Identität und Personalität des Ungeborenen bleibt davon genauso unberührt, wie die eines Neugeborenen, das in einem Brutkasten künstlich beatmet und über eine Sonde ernährt wird.

Auch aus Rechtsvorschriften (§ 1 BGB, §§ 211 i.V.m. 217 StGB) ergibt sich nicht, daß das „Menschsein" mit dem Zeitpunkt der Geburt beginnt, wie dies gelegentlich behauptet wird. Paragraph 1 BGB behandelt nur die zivilrechtliche Rechtsfähigkeit des Menschen und setzt somit den Begriff „Mensch" voraus. Aus den Paragraphen 211 und 217 StGB läßt sich zwar der Beginn des Strafrechtsschutzes durch den Mordparagraphen ableiten (Beginn des Geburtsvorganges), aber keine Qualifizierung der vorgeburtlichen Entwicklungsstadien des Menschen.

Besonders bedenklich ist die Auffassung, daß für das Menschsein und das Recht auf Leben eine gewisse „gesellschaftliche Relevanz" und „soziale Bedeutung" erforderlich sei, die erst nach der Geburt gegeben sein könne. Dies hätte zur Folge, daß niemand *aus sich selbst heraus* Mensch sein könnte. „Mensch" wäre dann ein Rechtstitel, der jedem Kind mit der Geburt — oder erst zu einem späteren Zeitpunkt! — je nach seiner „gesellschaftlichen Relevanz und Bedeutung" zuerkannt werden müßte. Eine solche Einstellung hätte gravierende Folgen für die Rechte von Behinderten, ethnischen Minderheiten und alten, „sozial bedeutungslos" gewordenen Menschen. Das Grundgesetz der Bundesrepublik Deutschland dagegen basiert auf der Idee der Menschenwürde und sich aus ihr ergebenden unantastbaren und unveräußerlichen Menschenrechten, die vom Staat oder der Gesellschaft weder verliehen werden müssen noch aberkannt werden können.   (be)

„Lebensfähigkeit außerhalb des Mutterleibes" (4)

„Die Menschqualität des Ungeborenen ist erst dann gegeben, wenn es so weit entwickelt ist, daß es auch außerhalb des Mutterleibes selbständig überleben könnte."

Umgebungsbedingungen ändern das Wesen nicht

Die Fähigkeit, außerhalb des Mutterleibes überleben zu können (extrauterine Überlebensfähigkeit), erwirbt das Kind schon einige Zeit vor der Geburt, durchschnittlich nach sieben Schwangerschaftsmonaten. Je nach der individuellen Konstitution des ungeborenen Kindes kann diese Überlebensfähigkeit schon nach dem fünften Schwangerschaftsmonat gegeben scin. Ob die Überlebensfähigkeit schon zu einem frühen Zeitpunkt, oder erst später gegeben ist, läßt sich nicht im voraus bestimmen. Schon von daher ist sie kein geeignetes Kriterium, um von „Mensch" oder „Nicht- Mensch" zu sprechen.

Die Lebensfähigkeit außerhalb des Mutterleibes ist neben

der körperlichen Verfassung des Kindes vor allem vom medizinischen Können des behandelnden Arztes und der technischen Ausstattung der Klinik abhängig. Ein Kind, das auf der intensivmedizinischen Abteilung eines deutschen Krankenhauses im sechsten oder siebten Schwangerschaftsmonat „überlebensfähig" ist, kann im gleichen Entwicklungsstadium in einem Krankenhaus eines Dritte-Welt-Landes „nicht überlebensfähig" sein. Das Kind ist aber unabhängig vom Ort der Geburt dasselbe. Auch eine historische Betrachtung führt das Argument von der „Überlebensfähigkeit" ad absurdum. Während noch vor dreißig Jahren viele Kinder im siebten Schwangerschaftsmonat als Frühgeborene nicht überlebensfähig waren, wären sie es heute ohne weiteres. Das kann aber nicht bedeuten, daß heute Kinder während der Entwicklung im Mutterleib „eher" zu Menschen werden, als in den sechziger Jahren. Der Zeitpunkt der extrauterinen Überlebensfähigkeit sagt etwas über das ärztliche Können und den Stand der medizinischen Technik, aber nichts über die „Menschqualität" eines Lebewesens aus.

Die In-vitro-Fertilisation hat gezeigt, daß ein Embryo einige Tage außerhalb des Mutterleibes überlebensfähig ist. Er müßte somit nach der oben genannten Auffassung ein Mensch sein. Nach dem Wiedereinsetzen des Embryos in die Gebärmutter müßte er die „Menschqualität" wieder verloren haben, um sie dann als Frühgeburt wieder zu gewinnen (wenn er in einem „guten" Krankenhaus geboren wird). Wird das Neugeborene nach einigen Wochen schwer krank und muß es an eine Beatmungsmaschine angeschlossen werden, müßte an seinem „Menschsein" wieder gezweifelt werden − eine offenbar unsinnige Vorstellung. Die Abhängigkeit von guten Umgebungsbedingungen für das Weiterleben ändert an der Qualität des Subjekts nichts. Das gilt sowohl bei Abhängigkeit gegenüber Apparaten (als Frühgeborener oder kranker Mensch), als auch bei Abhängigkeit gegenüber Menschen (als ungeborenes Kind oder etwa als Neugeborenes bei Angewiesenheit auf Muttermilch, wenn eine Ersatznahrung nicht vorhanden ist).

Soweit die Besonderheit darin gesehen wird, daß das ungeborene Kind zumindest eine Zeit lang auf den mütterlichen Organismus angewiesen ist (was durch einen „künstlichen Uterus" − Forschungsarbeiten in dieser Richtung sind im Gange − überflüssig werden könnte) und dies als „unzumutbar" für die Frau oder als eine „unzulässige Inanspruchnahme" anderer durch den Embryo angesehen wird, beruht die Argumentation nicht auf der Verneinung der „Menschqualität", sondern auf der Ablehnung des „Rechts auf Inanspruchnahme" der Mutter durch das Kind (siehe dazu Punkt 13). (be)

„Zwölf-Wochen-Alter" (5)

„In den ersten drei Monaten sind in vielen Ländern Abtreibungen erlaubt. Deshalb kann bis zu diesem Zeitpunkt noch kein menschliches Wesen vorhanden sein."

Zwölf-Wochen-Frist willkürlich

Die Zwölf-Wochen-Frist ist durch die verfassungswidrige sogenannte „Fristenlösung" vom 18. Juni 1974 bekannt geworden. Der Zeitpunkt für die damals vorgesehene Straffreiheit von Abtreibungen war willkürlich gewählt, da man statt zwölf auch elf oder dreizehn Wochen hätte nehmen können. Eine qualitative Wertung des bis dahin entwickelten ungeborenen Kindes war damit nicht verbunden. Vielmehr stand im Vordergrund der Überlegungen, den Strafrechtsschutz nur für den Zeitraum zurückzunehmen, in dem das gesundheitliche Risiko für die Frau bei einer Abtreibung noch vergleichsweise gering ist. Nach dem dritten Schwangerschaftsmonat steigt die Komplikationsrate bei Abtreibungen erheblich an.

Die Zwölf-Wochen-Frist kann man nicht einmal mit der medizinischen Terminologie der Embryologen in Zusammenhang bringen: das ungeborene Kind wird bis zum Ende des zweiten Schwangerschaftsmonats „Embryo", danach „Fötus" genannt. Diese Unterscheidung dient nur dem praktischen Bedürfnis, unterschiedliche Entwicklungsphasen durch eigene Begriffe genauer bezeichnen zu können. Im dritten Schwangerschaftsmonat ist die Anlage aller wesentlichen inneren und äußeren Organe schon abgeschlossen, so daß das ungeborene Kind dem Erscheinungsbild eines Neugeborenen sehr nahe kommt (wenn es auch erst 6-8 cm groß ist). Auch diese Phase ist jedoch zeitlich nicht genau fixierbar. Sie ist Teil der kontinuierlichen Entwicklung, die auch hier keinen „Einschnitt" aufweist, der eine Differenzierung in der Bewertung zuließe.   (be)

„Gehirnentwicklung"   (6)

„Das Menschsein ist — parallel zur Annahme des Verlusts des Menschseins nach Erlöschen der Gehirntätigkeit (Gehirntod) — an die durch Elektroenzephalogramm (EEG) feststellbare Entwicklung des Hirns gekoppelt (ca. 7. Schwangerschaftswoche)."

Gehirnentwicklung und Hirntod nicht vergleichbar

Auf den ersten Blick klingt das sehr plausibel, aber bei genauerer Überlegung wird deutlich, daß hier Unvergleichbares verglichen wird. Der sogenannte Gehirntod setzt dem Leben eines vollentwickelten Menschen dadurch ein Ende, daß ihm — trotz Herz-Lungen-Maschine und sonstiger Apparatemedizin — eine Steuerung der Funktionen des Körpers und dadurch jegliche Teilnahme an unserer durch die Sinne erfahrbaren Welt entzogen ist. Bei entsprechend sorgfältiger Diagnose steht fest, daß sowohl die *tatsächliche* als auch die *potentielle* (eventuell zukünftig wieder auflebende) Nutzungsfähigkeit des Gehirns erloschen ist. Bei der embryonalen Gehirnentwicklung besteht aber auch vor der tatsächlichen Nutzungsfähigkeit ("Kapazität") eine *potentielle* Nutzungsfähigkeit. Die Potentialität der Gehirnentwicklung ist genetisch ab der Befruchtung gegeben. Die Gehirnentwicklung ist Teil eines Entwicklungsprozesses, durch den sie zielgerichtet hervorgebracht wird. Der bereits vor dem Einsetzen der Hirnströme existierende Embryo beansprucht also, kraft der in ihm vorhandenen und konkret sich entfaltenden Möglichkeiten ("Potentialität"), dieselbe Bewertung wie ein schon weiter entwickelter Fötus (vgl. auch BVerfGE S. 41).

Wie bei anderen „Kapazitäts"-Argumenten ist auch hier die Frage angebracht, ob es nicht reichlich naiv ist, zu erwarten, daß Kinder „fertig" oder zumindest „mit ausgebildetem Gehirn" vom Himmel fallen. Es ist völlig natürlich, daß sich alle neuen Lebewesen − und so auch der Mensch − allmählich entwickeln müssen. Auch soweit man den „Hirntod" als eine praktische Grenze für das Ende des Lebens eines Menschen ansehen mag, was durchaus umstritten ist, so ist doch die „Hirnentstehung" sicher keine Grenze für den Beginn des Lebens. Der Embryo ist vor der Hirnentwicklung nicht „tot", sondern sehr „lebendig" − so lebendig, daß er ein Gehirn entstehen läßt! Dies ist nur ein weiterer Schritt auf dem langen Weg des Erwachsenwerdens.

Der Zeitpunkt der Gehirnentwicklung wird auch noch insoweit als wichtig angesehen, als das Gehirn − nach allem was wir wissen − die organische Grundlage für das Bewußtsein des Menschen bildet. Somit fehlte dem Embryo mangels Gehirn auch eine wesentliche Eigenschaft des Menschen, nämlich das Bewußtsein. Ob ein Lebewesen Bewußtsein hat oder nicht, ändert aber seine Qualität nicht. Sonst müßten schlafende oder betäubte Menschen als „Nicht-Menschen" und geistig Behinderte eventuell als „Halbmenschen" angesehen werden.

Um die angebliche Vergleichbarkeit zwischen dem ungeborenen Kind vor der Gehirnentwicklung und einem Hirntoten tatsächlich herzustellen, müßte man folgendermaßen formulieren: Die Situation eines Embryos vor Einsetzen der Hirnströme entspricht der eines „Gehirntoten" oder eines in tiefer

Bewußtlosigkeit liegenden Menschen, von dem bekannt ist, daß er mit an Sicherheit grenzender Wahrscheinlichkeit in wenigen Wochen wieder Gehirntätigkeit entfalten bzw. aus der Bewußtlosigkeit erwachen wird. Würde man einem solchen Menschen das „Menschsein" absprechen und ihn töten?

(be)

„*Einnistung in die Gebärmutterschleimhaut*"

(7)

„Der Mensch ist ein Individuum, eine einzelne Person. Vor der Einnistung des Frühembryos in die Gebärmutterschleimhaut besteht zwar artspezifisches menschliches Leben, aber noch kein ‚Individuum', da sich das Zellgebilde noch teilen kann."

Nidation nicht entscheidend für Schutzwürdigkeit

Anknüpfungspunkt der obigen Aussage ist die biologische Tatsache, daß jede einzelne Zelle eines frühen Embryos (etwa bis zum 8- oder 16-Zellen-Stadium) nach Trennung von den anderen Zellen die Fähigkeit besitzt, sich selbständig weiterentwickeln zu können ("omnipotente" oder „totipotente" Zellen). So können auf natürlichem wie auch auf künstlichem Wege eineiige Zwillinge oder höhergradige Mehrlinge entstehen. Die grundsätzliche Teilungsfähigkeit besteht aber auch noch bis zum Abschluß der Einnistung in die Gebärmutter (ca. 13. Entwicklungstag), da die Keimscheibe des in der Einnistung befindlichen Embryos sich in ganz seltenen Fällen noch spontan teilen kann. Ist diese Teilung nicht vollständig, dann entstehen sogenannte „siamesische Zwillinge". Solange die Teilungsfähigkeit insgesamt besteht, also bis zum Abschluß der Einnistung, könne nicht von „individuellem" und „personalem" Leben gesprochen werden, da dieses Wesen noch „teilbar" sei.

Diese These ist aus verschiedenen Gründen unschlüssig. Zunächst ist zu kritisieren, daß hier aus Überlegungen, die absolute Ausnahmefälle betreffen − es entstehen ca. ein bis zwei Prozent Mehrlinge, wovon nur ein Bruchteil eineiig ist −, eine für den Normalfall gültige Bewertung abgeleitet werden soll. Das Gegenteil ist richtig. So muß man aus der Tatsache, daß in fast allen Fällen aus mehreren angeblich omnipotenten Zellen dennoch nur ein Kind hervorgeht, schließen, daß innerhalb dieses Zellverbandes eine Zuordnung der Zellen und damit keine Omnipotenz, sondern schon eine Individualisierung vorhanden ist.

Die künstliche Teilbarkeit von Mehrzell-Embryos bis etwa zum 16-Zellen-Stadium, die in der Rinderzüchtung üblich und wohl auch beim Menschen möglich ist, und die zur selbständigen Weiterentwicklung der abgespaltenen Zellen zu vollständigen Individuen führt, könnte als ungeschlechtliche Vermehrung aufgefaßt werden, ohne die Individualität des ursprünglichen Embryos zu verneinen. Bezüglich der natürlichen Mehrlingsbildung ist auch denkbar, daß von Anfang an mehrere Individuen in einem Körper vereint sind, die sich später trennen. Daß dies nicht völlig abwegig ist, zeigt die Überlegung, daß auch siamesische Zwillinge körperlich vereint sind und sich gelegentlich sogar mehrere Organe „teilen" müssen. Die embryonale körperliche Verbundenheit von Zwillingen wäre lediglich umfassender und die mehrfache Personalität von außen nicht erkennbar.

Im übrigen spricht der Gesichtspunkt der Schutzwürdigkeit jedenfalls gegen einen geringeren Schutz vor der Nidation. Es ist nicht einzusehen, warum etwas, das die Fähigkeit besitzt, zu mehr als einem Individuum zu werden, geringeren Schutz genießen soll, als etwas, das sich zu genau einem Individuum entwickelt. Eine Entwicklung zu etwas anderem als zu Menschen ist in jedem Fall ausgeschlossen.

Der in Zusammenhang mit der Nidation verwendete Begriff des „artspezifischen menschlichen Lebens", trägt zur Klärung der Frage nach dem Beginn des Menschseins nichts bei. Er legt die Vorstellung nahe, daß am Beginn des menschlichen Lebens kein Mensch als Individuum, sondern eine Art „Gattungswesen" ohne Individualität vorhanden sei. In der Natur gibt es aber überhaupt keine Gattungswesen, sondern immer nur einzelne Exemplare einer Gattung. Die Zusammenfassung aller realen Einzelexemplare etwa des Menschen zur „Gattung Mensch" ist ein rein gedanklicher Schritt zur Bildung von Allgemeinbegriffen („Mensch" statt „Hans Huber und Gerda Bauer und Thomas Schmidt ..."). Noch niemand ist auf der Straße der Gattung „Mensch" begegnet, sondern immer nur einzelnen Exemplaren dieser Gattung.

Ferner ist die *biologische Identität* und Individualität von der *personalen Identität* (Personalität) des Menschen zu unterscheiden. Während sich der Mensch rein biologisch (zellmäßig) immer wieder erneuert, er also ständig biologisch „ein anderer" wird, bleibt er personal doch derselbe. Von biologischer „Teilbarkeit" oder „Unteilbarkeit" kann man also nicht auch auf vorhandene oder nicht vorhandene „personale Identität" schließen, da materielle und geistige Einheit nicht notwendigerweise übereinstimmen müssen. Die Verfechter der „Vor-Individualitätsthese" bleiben auch die Antwort darauf schuldig, auf welche Weise aus der „vorindividuellen" Zellmasse ein Individuum mit personaler Identität werden soll. Wer aber behauptet, daß ein von Menschen im Wege der Fortpflanzung abstammendes Lebewesen kein Mensch sei, ist hierfür beweispflichtig, insbesondere dann, wenn er daraus ein Tötungsrecht ableitet.

Als Hilfsargument für die Preisgabe des Schutzes menschlichen Lebens in frühen Entwicklungsstadien wird die statistische Tatsache verwendet, daß in den ersten Wochen der Entwicklung eine hohe Zahl von natürlich befruchteten Eizellen spontan und meist unbemerkt abgehen. Die Quote − es gibt sehr unterschiedliche Zahlen − liegt wahrscheinlich bei etwa 50 Prozent. Hieran wird die Frage geknüpft: wenn schon die Natur keine weitere Sorge für dieses Leben trägt, zu welcher Sorge ist dann der Mensch verpflichtet? Wer Embryonen verbraucht oder Frühabtreibungen durchführt, der tut nur etwas, was die Natur auch „macht".

Eine Berufung auf die Natur zur Rechtfertigung menschlichen Handelns ist aber nicht haltbar. Dies zeigt folgendes Beispiel (nach Prof. Reinhard Löw): Zwei Spaziergänger werden von zwei Dachziegeln tödlich getroffen. Das eine Mal hat die Natur — ein Windstoß etwa — den Ziegel gelöst, das andere Mal hat ihn ein Mensch gezielt von einem Dach herabgeworfen. Vor dem Gericht wird dieser Mensch mit dem Argument, er habe nur getan, was die Natur auch gemacht habe, kein Verständnis finden. Genauso verhält es sich, wenn man sich auf das natürliche Absterben von Embryonen berufen wollte. Dadurch kann eine Abtreibung durch bewußtes menschliches Handeln nicht gerechtfertigt werden.

Auch die relativ hohe Zahl der natürlichen Aborte ist unerheblich. Durch eine hohe Säuglingssterblichkeit, wie sie heute noch in Ländern der dritten Welt anzutreffen ist, werden Babys nicht weniger „menschlich" und schutzwürdig. Würde man den Beobachtungszeitraum nur genügend verlängern, könnte man sogar eine hundertprozentige Todesrate für den Menschen konstatieren. Ein Recht auf Totschlag ist daraus aber nicht ableitbar.

Schließlich ist noch zu erwähnen, daß die mit der Einnistung des Embryos zusammenhängenden Fragen für die geltende Rechtslage nach den Paragraphen 218 ff. StGB und die in Deutschland angewendeten Abtreibungsmethoden (vgl. hierzu Punkt 11) unerheblich sind. Denn in dem Zeitpunkt, in dem eine Frau die eigene Schwangerschaft erkennt (Ausbleiben der Regelblutung) und sie sich eventuell zu einer Abtreibung entschließt, ist die Nidation schon abgeschlossen. Die soeben erörterten Punkte sind aber für die Einschätzung bestimmter fälschlich als „*Verhütungs*mittel" bezeichnete Präparate ("Pille danach", Spirale) und den

Umgang mit extrakorporal erzeugten Embryonen von Bedeutung. (be)

„*Frau muß Menschwerdung zulassen*" (8)

„Während der Schwangerschaft besteht zwar schon menschliches Leben, aber noch kein Kind. Nur wenn die Frau die Menschwerdung in ihrem Körper zuläßt, wird ein Kind geboren. Während der Schwangerschaft sind Frau und Embryo eine Einheit, die man nicht gedanklich voneinander trennen und aufspalten kann."

Menschqualität vom Verhalten der Mutter unabhängig

Die Aussage, „wenn die Frau die Menschwerdung in ihrem Körper zuläßt, wird ein Kind geboren", sagt nur dem äußeren Anschein nach etwas über die „Menschwerdung" aus. Es soll folgender Gedankengang suggeriert werden: wenn die Frau nicht abtreibt und „es" schlicht am Leben läßt ("die Menschwerdung zuläßt"), „wird ein Kind geboren". Wenn sie „es" dagegen abtreibt, wird es gar kein Mensch, da ja „die Menschwerdung nicht zugelassen wurde". Wenn „es" aber kein Mensch geworden ist, darf man doch abtreiben! Die obige Aussage ist somit ein Zirkelschluß. Eine Begründung, warum das ungeborene Kind noch kein Mensch sei und erst während der Schwangerschaft durch irgendein Verhalten der Mutter zum Mensch werde, liegt nicht vor.

Die Betrachtung von Mutter und Kind als „Einheit" dient dazu, das Kind in die Körpersphäre der Mutter zu integrieren und so Abtreibungen als Akt der „*Selbst*bestimmung" darzustellen (vgl. hierzu Punkt 14). Während der Schwangerschaft sind Frau und Embryo zwar körperlich miteinander verbunden, sie sind aber dennoch deutlich unterscheidbar und insoweit keine „Einheit": jede einzelne Zelle des Kindes unterscheidet sich genetisch von den mütterlichen

Zellen, Geschlecht und Blutgruppe können verschieden sein, das Kind hat ein eigenes Immunsystem etc. Um den medizinischen Tatsachen zu entgehen, die nun einmal nicht mehr zu leugnen sind, wird auf nebulöse Formulierungen ausgewichen, die sich letztlich selbst ad absurdum führen: wenn man die „Einheit" zwischen Frau und Kind schon nicht gedanklich aufspalten darf, soll man sie dann etwa mit brutaler Gewalt — durch Abtreibung — auseinanderreißen dürfen?

Einer Beurteilung des Verhältnisses zwischen Mutter und ungeborenem Kind nach allgemeinen Grundsätzen wird ferner entgegengehalten, daß während der Schwangerschaft eine absolut singuläre Situation bestehe, die mit nichts vergleichbar sei. Während das Kind nur durch die Mutter erhalten werden könne, sei bei anderen Fürsorge- und Pflegebeziehungen eine Ersetzung durch Dritte möglich (etwa bei behinderten, alten und pflegebedürftigen Menschen). Dieses „Symbiose-Argument" überzeugt aber nicht. Auch in anderen Lebensbereichen wird niemand von seiner Verantwortung frei, wenn ihn die Verantwortung allein trifft und kein anderer für ihn einspringen kann. Vor allem geht es den Abtreibungsbefürwortern weniger um die neun Monate der Schwangerschaft (wenn doch, dann siehe Punkt 13), als vielmehr darum, die sehr viel umfassendere Verantwortung zu vermeiden, die auf die Eltern zukommt, wenn das Kind geboren ist. Bezüglich der Sorge für das geborene Kind ist aber vielfältige Hilfe von Dritten (auch des Staates) möglich, im Extremfall auch die völlige Abgabe der Verantwortung (Adoptionsfreigabe; siehe Punkt 17). In diesem Zusammenhang ist aber darauf hinzuweisen, daß das Lebensrecht des ungeborenen wie des geborenen Kindes unabhängig davon ist, ob oder in welchem Umfang es familienpolitische oder gesellschaftliche Unterstützung für Eltern und ihre Kinder gibt. Auch wer in einem Staat lebt, der keine oder nur eine minimale Familienunterstützung gewährt, hat deshalb noch nicht das Recht, seine Kinder zu töten. (be)

„Das Kind empfindet nichts" (9)

„Abtreibungen sind keine „grausamen Verbrechen" oder so etwas ähnliches, da das ungeborene Kind noch nichts spürt. Es weiß auch nicht, ob ihm durch die Abtreibung irgendetwas „entgeht". Nur in Bezug auf jemanden, der bewußte Sinneserfahrungen gemacht hat, kann die Beendigung des Lebens als etwas Schlechtes und Verwerfliches angesehen werden."

Tötung ist unabhängig von Empfindungen des Opfers verwerflich

Schmerzempfindungen setzen Bewußtsein voraus. Daher kann die Schmerzempfindlichkeit eines Menschen nicht naturwissenschaftlich exakt bewiesen werden. Das Bewußtsein des Schmerzes entzieht sich der objektiven Meßbarkeit. Wie beim erwachsenen Menschen ist aber auch beim ungeborenen Kind anhand der körperlichen Voraussetzungen für Schmerzempfindlichkeit (eine entsprechende Ausbildung des Nervensystems und des Gehirns) und den Reaktionen auf Reize, die erfahrungsgemäß schmerzverursachend sind, zu schließen, daß das ungeborene Kind von der 8. Woche nach der Zeugung an schmerzempfindlich ist. Das haben eingehende Untersuchungen an deutschen und amerikanischen Kliniken gezeigt. Schon aus diesem Grunde ist es keineswegs abwegig, Abtreibungen in diesem Entwicklungsstadium des Kindes als „grausam" zu bezeichnen.

Davon unabhängig bleiben Tötungshandlungen auch dann verwerflich, wenn das Opfer im Schlaf oder nach Betäubung schmerzfrei umgebracht wird. Der Unrechtscharakter einer Straftat richtet sich nach den objektiven Merkmalen der Rechtsgutverletzung und nicht nach den subjektiven Empfindungen des Opfers.

Die Verwerflichkeit der Abtreibung oder eines anderen Tötungsdeliktes hängt auch nicht davon ab, ob oder in welchem Umfang das Opfer schon Sinneserfahrungen gemacht hat. Zweck des Tötungsverbotes ist es nicht, das bereits vergangene Leben als sinnvoll (reicher Erfahrungsschatz) oder sinnlos (keine oder geringe Bewußtseinsdifferenzierung durch Sinneserfahrung) zu bewerten. Entscheidend ist vielmehr, daß durch die Tötung *für die Zukunft* jede Form des Lebens mit allen seinen Äußerungsformen (Bewußtsein, Sinneserfahrung etc.) ausgeschlossen wird. Die Lebens*verkürzung* macht das Wesen einer Tötungshandlung aus. Dieses Merkmal wird bei der Tötung geborener und ungeborener Menschen, sowie bei Menschen mit reicher oder bislang geringer Sinneserfahrung gleichermaßen verwirklicht. (be)

„Erfahrbarkeit" (10)

„Abtreibungen sollten solange zugelassen werden, bis die Mutter das Kind spüren kann. Das natürliche Empfinden der Frau, daß das Kind zu leben beginnt, setzt erst mit der eigenen unmittelbaren Wahrnehmung des Kindes im Mutterleib ein. Das Recht muß diesen Umstand berücksichtigen und darf Frauen nicht kriminalisieren, die ihr Kind noch gar nicht wahrnehmen können."

„Erfahrbarkeit" und „Dasein" decken sich nicht

Während der Schwangerschaft macht sich das ungeborene Kind durchschnittlich erstmals im fünften Monat mit spürbaren Bewegungen bemerkbar. Bei pränatalen Untersuchungen können die Kindesbewegungen aber schon sehr viel früher nachgewiesen werden. In den ersten Monaten der Entwicklung ist das Kind noch zu klein, als daß die Mutter diese „Lebenszeichen" wahrnehmen könnte.

Die unmittelbare Erfahrbarkeit durch die Mutter deckt sich also nicht mit dem Dasein des Kindes. Entscheidend für eine ethische Bewertung ist aber, ob tatsächlich ein zweites menschliches Lebewesen im Mutterleib heranwächst oder nicht. Wer einen anderen, der hinter einem Strauch verborgen ist, durch eine Schuß tötet, hat auch dann einen Menschen umgebracht, wenn er ihn nicht sehen konnte. Der Schuldvorwurf entfällt nur, wenn er nicht erkennen konnte, daß er mit seiner Waffe auf einen Menschen zielt.

Jeder Mensch weiß aber, daß schon vor dem Zeitpunkt, an dem die Kindesbewegungen im Mutterleib wahrnehmbar werden, ein ungeborenes Kind vorhanden ist. Dem entspricht auch das subjektive Empfinden der allermeisten Mütter. Auf Bildern von ungeborenen Kindern ist schon in einem frühen Entwicklungsstadium mit bloßem Auge zu erkennen, daß es sich um ein kleines Menschlein handelt. Das noch im Mutterleib verborgene Kind läßt sich durch die moderne Ultraschalltechnik konkret erfahrbar machen: Herztöne können ab der achten Schwangerschaftswoche mit Ultraschall-A und ab der zehnten Schwangerschaftswoche mit Ultraschall-B sichtbar gemacht und ab der zwölften Schwangerschaftswoche mit dem Ultraschall-Doppler-Verfahren hörbar gemacht werden. In der Schwangerschaftsvorsorge gehören bildgebende Ultraschallaufnahmen des Kindes zu den Routinemaßnahmen. Mit der Fetoskopie-Technik konnten eindrucksvolle Fotoaufnahmen von ungeborenen Kindern aller Entwicklungsphasen gemacht werden.

Für das praktische Verhalten der Menschen ist die Sinneserfahrung sehr wichtig. Ein großer Prozentsatz von Frauen, die ihr Kind über eines der technischen Hilfsmittel konkret wahrgenommen haben, lassen ihren ursprünglichen Abtreibungswunsch fallen. Wer sich mit dem Gedanken an eine Abtreibung trägt, sollte sich deshalb erst durch geeignete Hilfsmittel vor Augen führen, was sich im Mutterleib befindet und was damit bei einer Abtreibung geschieht. Erst dann sind die Voraussetzungen dafür gegeben, daß eine eventuell in Betracht gezogene Tötungsentscheidung von den richtigen Voraussetzungen ausgeht. Eine ernstgemeinte Schwangerschaftskonfliktberatung muß diese Informationen über das ungeborene Kind und das tatsächliche Geschehen bei einer Abtreibung anbieten.

Bei der Beurteilung, ob man die Menschqualität des Embryos anerkennt, darf man sich in den ersten Schwangerschaftswochen aber nicht ausschließlich auf den Gesichtssinn verlassen. Einem zwei oder drei Wochen alten Embryo kann man als Laie nicht unbedingt „ansehen", daß er ein Mensch ist. Wenn man heutzutage allen möglichen Fragestellungen mit umfassenden und genauen wissenschaftlichen Untersuchungen zuleibe rückt, dann sollte man sich nicht, wenn die wissenschaftlichen Erkenntnisse der vorgefaßten eigenen Meinung widersprechen, plötzlich auf den „Augenschein" zurückziehen wollen. Wer heute behauptet, die Sonne drehe sich um die Erde, wird ausgelacht. In gleicher Weise wäre es unsinnig, die Menschqualität des Embryos und damit sein Lebensrecht mit der Aussage anzuzweifeln, er sei zu einem bestimmten Zeitpunkt ja noch so klein und sehe nicht wesentlich anders aus als ein „Zellhaufen", ein „himbeerähnliches Gebilde" oder ein Tierembryo. Die Humanembryologie hat erwiesen, daß auch die Frühphase des menschlichen Lebens nur rein menschliche Entwicklungszüge aufweist. Wer neben seinen fünf Sinnen auch seinen Verstand zuhilfe nimmt, wird vor dem Frühembryo denselben Respekt haben, wie vor einem ungeborenen Kind, dessen Erscheinungsbild sich dem eines Neugeborenen schon weitgehend angeglichen hat.

Der Umstand, daß umfassende Informationen, die das faszinierende Leben vor der Geburt verdeutlichen, die natürliche Hemmschwelle des Menschen vor Tötungshandlungen aktivieren, erklärt auch, warum Abtreibungsbefürworter so vehement gegen die Verbreitung von Bildern, Plakaten und Broschüren über das ungeborene Kind kämpfen.   (be)

„Absaugen der Gebärmutterschleimhaut" (11)

„Im Fernsehen wurden schon Schwangerschaftsabbrüche gezeigt. Ein Schwangerschaftsabbruch unterscheidet sich nicht wesentlich von einer gynäkologischen Untersuchung. Es wird nur zusätzlich die Gebärmutterschleimhaut abgesaugt. "

Medizinische Fakten der vorgeburtlichen Kindestötung

Noch stärker als die bildliche Darstellung des ungeborenen Kindes lehnen die Verfechter einer erleichterten Abtreibung realistische Darstellungen des Abtreibungsgeschehens ab (wie etwa die Filme „Der stille Schrei" und „Ungeborene wollen leben" von Bernard Nathanson, einem ehemaligen Abtreibungsarzt). Veranstaltungen mit Filmvorführungen sind schon oft durch lärmende und Stinkbomben werfende Abtreibungsbefürworter gesprengt worden. Diese Haltung des Nichts-wissen-Wollens muß als geistiger Infantilismus bezeichnet werden. Wie Kinder, die einer Gefahr dadurch entgehen wollen, daß sie die Hände vor die Augen halten, wollen Abtreibungsbefürworter die grausame Realität von Abtreibungen aus der Wirklichkeit bannen, indem sie die eigene Wahrnehmungsfähigkeit gezielt einschränken. Auf die Dauer läßt sich die Wahrheit aber nicht unterdrükken.

Die Medien trifft bei dieser Verdunkelungsstrategie ein großes Maß an Mitschuld. In Sendungen, die sich mit dem Thema „Schwangerschaftsabbruch" befassen, werden fast nie Bilder von ungeborenen Kindern gezeigt. Wenn es einmal doch geschieht, dann nur für wenige Sekunden. Bei der Darstellung von Abtreibungen werden nur die Äußerlichkeiten des Geschehens dokumentiert. Ein netter, rücksichtsvoller und verständnisvoller Arzt beseitigt in kurzer Zeit „das Problem" mit dem Absaugschlauch. Nur wer schon einige Vorkenntnisse über die vorgeburtliche Entwicklung und die Wirkungen der Abtreibungstechniken hat, kann an der blutroten Färbung des Saugschlauches erahnen, was im Inneren der Gebärmutter mit dem Ungeborenen tatsächlich geschehen ist. Obwohl die Zuschauer allabendlich am Fernsehschirm ohnehin mit zahlreichen Gewalttaten berieselt werden, will man ihnen die grausame Wirklichkeit der Abtreibung nicht zumuten. Wenn die Medien ihrem Progammauftrag zu umfassender Information nachkommen wollen, müssen sie in ihrer Berichterstattung die grausame Realität und auch die Argumente der Abtreibungsgegner stärker berücksichtigen.

Folgende Abtreibungsmethoden sind in Deutschland gebräuchlich:

● *Vakuumaspiration ("Absaugen", "Saugkürettage")*

Diese Methode wird insbesondere in frühen Schwangerschaftsstadien angewendet. Der Inhalt der Gebärmutter wird mit einer Kunststoffkanüle (Saugspitze) und einem Unterdruck von 0,5 bis 1 atü abgesaugt. Dabei wird das Kind durch den Unterdruck zerrissen und zusammen mit der Gebärmutterschleimhaut aus dem Uterus gesaugt. Bei Abtreibungen in der 10. bis 12. Schwangerschaftswoche kann ein Nachkürettieren (siehe unten "Kürettage") erforderlich sein.

● *Kürettage ("Ausschabung")*

Nach Weitung des Gebärmutterhalses wird die Innenwand der Gebärmutter mit einem löffelartig gebogenen Instrument (Kürette = "scharfer Löffel") ausgeschabt. Dabei wird das ungeborene Kind zerquetscht, zerschnitten und zusammen mit der Gebärmutterschleimhaut aus dem Uterus entfernt. Bei fortgeschrittenen Schwangerschaftsstadien (bis etwa zur 18. Woche) wird durch nachträgliches Zusammensetzen der Kindesteile überprüft, ob die Abtreibung vollständig durchgeführt ist. Bei unvollständigen Abtreibungen kann es unter Umständen zu lebensbedrohlichen Nachblutungen kommen.

Nur ein sehr geringer Anteil der Abtreibungen wird in Deutschland mit rein *medikamentösen* (Anwendung von Prostaglandinen zur vorzeitigen Ausstoßung des Kindes; bzgl. "RU 486" vgl. Punkt 47) oder *chirurgischen Verfahren* (Kaiserschnitt, Gebärmutterentfernung) durchgeführt. Sie sind in späten Schwangerschaftsstadien verbreitet und wesentlich komplikationsreicher und psychisch belastender als die oben genannten instrumentellen Abtreibungsmethoden.

Abtreibung ist nicht nur die "Entleerung der Gebärmutter", sondern die *vorgeburtliche Tötung eines Menschen* (zur "Menschqualität" des ungeborenen Kindes siehe Punkt 1 bis 10). (be)

„Unerwünschte Kinder werden von ihren Eltern vernachlässigt oder sogar mißhandelt. Viele werden später kriminell. Für sie wäre es besser, gar nicht geboren zu werden. Jedes Kind hat ein Recht darauf, erwünscht zu sein. Deshalb sollten nur Wunschkinder auf die Welt kommen. "

Keine Tötung aus „Mitleid"

Wenn durch Abtreibungen die Geburt unerwünschter Kinder vermieden und ihnen so ein „trauriges Schicksal" erspart werden würde, dann müßte überall dort, wo es hohe Abtreibungszahlen gibt, die Zahl der Kindesmißhandlungen in den letzten Jahren spürbar abgenommen haben. Das Gegenteil ist aber der Fall. Vorgeburtliche Kindestötungen und Kindesmißhandlungen dürften vielmehr zwei Symptome derselben Ursache sein: einer tendenziell egoistischen, lebens- und kinderfeindlichen Gesinnung.

Es ist zwar richtig, daß jedes gezeugte Kind ein Recht darauf hat, angenommen und geliebt zu werden. Diesem Anspruch des Kindes kann man aber nicht dadurch entsprechen, daß man es noch im Mutterleib tötet, sondern nur dadurch, daß man es bedingungslos und liebevoll annimmt. Es ist kein Akt des Mitleids oder der Barmherzigkeit, einen anderen Menschen zu töten, um ihm eine lieblose Kindheit zu ersparen. Oft handelt es sich um eine versteckte Form der Eigensucht und Bequemlichkeit, die als Motivation hinter der Abtreibung eines „unerwünschten" Kindes steckt. *Aus Liebe tötet man keinen Menschen, sondern man bemüht sich, seine Entwicklung positiv zu beeinflussen.* Nur bei oberflächlicher Betrachtungsweise scheinen diejenigen, die das Schlagwort vom „Wunschkind" im Munde führen, besonders auf das „Wohl des Kindes" bedacht zu sein. Tatsächlich sind sie jedoch extrem kinderfeindlich, denn sie fordern nicht nur die Geburt von Wunschkindern, sondern ein *Recht auf die Tötung "unerwünschter" Kinder.*

Darüberhinaus beruht die "Wunschkind"-Ideologie auf Kriterien - "Unerwünschtheit" des Kindes, "schlechte Sozialprognose" - die schon für sich genommen mehr als fragwürdig sind:

● Gerade in den ersten Wochen nach der Zeugung eines neuen Menschen sind sogenannte "Ablehnungsgefühle" der Mutter wegen der hormonellen Umstellung des Körpers auf die Schwangerschaft und der Aussicht auf eine grundlegende Veränderung der eigenen Lebenssituation sehr häufig. Mit der zunehmenden "Erfahrbarkeit" des Kindes während der Schwangerschaft (Herztöne, Ultraschallbilder, Kindesbewegungen) geht die Ablehnung bald rasch zurück (siehe auch Punkt 10). Es wäre fatal, diesen Prozeß abzubrechen, bevor er sich ganz natürlich positiv entwickeln kann.

● Eine Prognose über die künftige Entwicklung eines von den Eltern "nicht erwünschten" Kindes ist überhaupt nicht möglich. Es ist eine kaum zu überbietende Anmaßung, das künftige Verhalten der Eltern oder den weiteren Lebensweg des Kindes schon während der Schwangerschaft vorhersagen zu wollen. Auch die Behauptung von einer angeblich abzusehenden "Verbrecherkarriere" unerwünschter Kinder ist wissenschaftlich nicht haltbar. In den meisten Fällen läßt die anfängliche Ablehnung des Kindes schnell nach und es wird von seinen Eltern angenommen und nicht besser oder schlechter erzogen, als jedes andere Kind auch.

Letztlich bieten auch sogenannte "Wunschkinder" keine Gewähr dafür, daß sie im späteren Leben immer liebevoll behandelt werden. Überspannte Erwartungen der Eltern können im Gegenteil zu gravierenden Erziehungsproblemen führen. (be)

"Mein Bauch gehört mir" (13)

"Auch wenn ein Embryo schon als menschliches Wesen anzusehen ist, gibt ihm das noch lange nicht das Recht, den Körper eines anderen Menschen so lange und so intensiv

wie bei einer Schwangerschaft in Anspruch zu nehmen.
Mein Bauch gehört mir."

Keine Rechtfertigung für Tötung

Während viele Befürworter einer weitgehenden Abtreibungsfreigabe darzulegen versuchen, daß das ungeborene
Kind noch kein bzw. kein „vollwertiger" Mensch sei, geht
das Argument „Verfügungsrecht über den eigenen Bauch"
unabhängig von der Qualifizierung des Ungeborenen davon
aus, daß das Kind kein Recht auf Entwicklung im Mutterleib habe, weil dies zu einer intensiven körperlichen Inanspruchnahme der Mutter führt.

Auch auf die Gefahr hin, das Motto „Mein Bauch gehört
mir" in seiner intellektuellen Substanz und die Verwender
dieses Mottos im argumentativen Ansatz zu überschätzen,
soll dieses Schlagwort eingehend behandelt werden (vgl.
aber auch Punkt 14, soweit nicht die körperliche Inanspruchnahme, sondern die zukünftige persönliche Entfaltungs-
freiheit der Frau im Vordergrund steht).

Zunächst ist festzustellen, daß das Problem der Abtreibung hier unter einem falschen Blickwinkel betrachtet wird.
Es scheint so, als „handle" das ungeborene Kind, indem es
die Mutter „in Anspruch nimmt" und als müsse es sich für
dieses „Handeln" rechtfertigen. Tatsächlich aber handelt
das ungeborene Kind überhaupt nicht, da es zu einem „Handeln", für das es sich rechtfertigen müßte, noch nicht fähig
ist. Rechtfertigungsbedürftig ist nur willensmäßig ge-
steuertes Verhalten. Dagegen ist es allein die Mutter, die
handelt (wenn auch oft unter Druck von außen), indem sie
eine Abtreibung durchführen läßt. Dieses bewußte und ge-
wollte Handeln ist in höchstem Maße rechtfertigungsbedürftig, da es in das Leben des Kindes eingreift.

Damit ist ein zweiter falscher gedanklicher Ansatz aufge-
deckt. Zwar „gehört" der Bauch (die Gebärmutter) der
Mutter, aber es ist nicht so, daß bei einer Abtreibung die

Frau das, was „ihr gehört", nur der Inanspruchnahme durch einen anderen entzieht oder diesem vorenthält. Bei einer Abtreibung wird das Kind durch Absaugen oder instrumentelle Ausräumung der Gebärmutter (zu den Abtreibungsmethoden vgl. Punkt 11) körperlich zerstört und getötet. Es wird nicht nur das „Recht auf den eigenen Körper" durchgesetzt, sondern ein anderer Mensch gezielt vernichtet. Bei Abtreibungen geht es also nicht um eine bloße „Verweigerungshaltung" von Frauen gegenüber unerwünschten Kindern, sondern um die *Tötung von Menschen*. Selbst wenn man also annehmen wollte, daß das ungeborene Kind kein Recht hat, den Körper der Mutter „in Anspruch zu nehmen", so hätte es dennoch das (Abwehr—)Recht, nicht getötet zu werden. Wenn sich jemand in das Haus eines anderen einschleicht und Essen, Trinken, ja Unterkunft verlangt, dann hat er zwar in aller Regel keinen positiven Anspruch darauf, tatsächlich ernährt und beherbergt zu werden, er hat aber sicher das Recht, nicht getötet zu werden.

Die manipulative Ausblendung der entscheidenden Komponente einer Abtreibung wird im allgemeinen Sprachgebrauch durch die Verwendung des Begriffs „Schwangerschaftsabbruch" wirksam, der seit Mitte der siebziger Jahre ins Strafgesetzbuch Eingang gefunden hat (zu weiteren Sprachmanipulationen vgl. Punkt 50). Bei einer Abtreibung wird nach allen Methoden nicht nur - wie der Begriff allein zum Ausdruck bringt - ein Körperzustand der Mutter beendet. Die gleichzeitige Tötung des ungeborenen Kindes ist es, was dem Thema „Schwangerschaftsabbruch" die ethische, rechtliche und gesellschaftspolitische Brisanz verleiht. Gerade dies wird aber im Begriff „Schwangerschaftsabbruch" nicht berücksichtigt. Wer etwa einen Vorgang, bei dem ein Schulkind von einem Fahrzeug überfahren worden ist, mit den Worten „ein Auto fuhr die Straße entlang" beschreibt, mag für sich genommen eine richtige Aussage getroffen haben. Im Gesamtzusammenhang betrachtet ist diese Aussage aber falsch und unredlich, da das wichtigste Element des Vorgangs, nämlich daß durch das Auto ein Kind überrollt wurde, verschwiegen wird.

Das Kind nimmt den Körper der Mutter auch nicht „unberechtigt" in Anspruch, weil zwischen Mutter und Kind eine besondere Beziehung besteht, die zur Fürsorge, Pflege und Erziehung des Kindes verpflichtet. Dies ist für das geborene Kind allgemein anerkannt und wird von niemandem bezweifelt. Zurecht empört man sich, wenn Fälle von Kindesmißhandlung oder −verwahrlosung bekannt werden. Wenn es aber eine Verpflichtung der Eltern gibt, das geborene Kind nicht verhungern zu lassen und es nach Kräften zu fördern und zu schützen, dann besteht diese Verantwortung in besonderem Maße auch gegenüber dem ungeborenen Kind. Die Inanspruchnahme des mütterlichen Organismus ist berechtigt, da Ernährung und Schutz des Kindes zu den allgemeinen Pflichten der Eltern gegenüber ihrem Kind gehören. Daß die Elternpflicht eine zeitlang weitgehend allein im biologischen „Lebenlassen" besteht und nur von der Mutter erfüllt werden kann, ändert an der Pflicht selbst nichts. Der Vater bleibt selbstverständlich gehalten, während der Schwangerschaft das ihm Mögliche zur Unterstützung der Mutter zu tun und auch nach der Geburt seinen Teil der Verantwortung zu tragen.

Das „Ungewolltsein" eines Kindes ändert an all diesen Umständen ebenfalls nichts. Genauso, wie man ein geborenes Kind, das man nicht „will", nicht töten, mißhandeln oder vernachlässigen darf, spielt auch beim ungeborenen Kind das „Ungewolltsein" keine Rolle. Ob das Kind bewußt gezeugt, oder „trotz" Verhütung entstanden ist, ist ohne Bedeutung, da alle Umstände, die zur Zeugung des Kindes geführt haben, nicht im Verantwortungsbereich des Kindes, sondern in dem der Eltern liegen. (be)

„Selbstbestimmungsrecht" (14)

„Dem Recht des ungeborenen Kindes steht das Selbstbestimmungsrecht der Frau gegenüber. Ihre eigenverantwortliche Entscheidung über ihren künftigen Lebensweg muß respektiert werden."

Vorrang für das Lebensrecht des Kindes

Abtreibung ist kein Akt der Selbstbestimmung, sondern eine Form extremer Fremdbestimmung. Ein neuer, von der Mutter verschiedener, einmaliger Mensch mit eigenen körperlichen und geistigen Anlagen und einem eigenen Recht auf Leben wird bei jeder Abtreibung getötet.

Selbstbestimmungsrecht und Entscheidungsfreiheit bestehen vor der Entstehung eines neuen Menschen. Nach seiner Entstehung durch Verschmelzung von Ei- und Samenzelle muß *sein* Grund- und Menschenrecht auf Leben beachtet werden. Nach Ansicht der Abtreibungsbefürworter scheint für die Zeugung eines Kindes eigentlich niemand verantwortlich zu sein. Nachdem die Zeugung eines Kindes „irgendwie" passiert ist, besinnt man sich plötzlich auf das eigene „Selbstbestimmungsrecht", obwohl die rechtzeitige und berechtigte Möglichkeit zur Entscheidung (vor der Zeugung des Kindes) bereits nicht mehr gegeben ist. Mit der Zeugung ist ein neuer Mensch entstanden, der nicht mehr „verhindert" oder „verhütet", sondern nur noch *getötet* werden kann. Ein Entscheidungsrecht über Leben und Tod eines unschuldigen Menschen läßt eine an Menschenwürde und Menschenrechten orientierte Rechtsordnung - wie unser Grundgesetz - nicht zu (vgl. BVerfGE S. 44: Der Staat kann die Abtreibungsproblematik nicht „der eigenverantwortlichen Entscheidung des Einzelnen" überlassen).

Das oft verwendete Argument, es könne zwischen den Interessen des Kindes und denen der Mutter ein Abwägungsprozeß stattfinden, läßt unberücksichtigt, daß sich im Falle der Abtreibung (abgesehen von dem praktisch nicht mehr vorkommenden Ausnahmefall der vitalen Indikation, bei der nur entweder das Leben der Mutter oder das des Kindes gerettet werden kann) Interessen verschiedenen Ranges gegenüberstehen. Während die Mutter in ihrer künftigen *Selbstentfaltung beeinträchtigt* ist, geht es für das Kind ums *Überleben*. Das Recht auf Leben ist aber höherrangig als das Selbstbestimmungsrecht (BVerfGE S. 43).

Die „Hilfe", die der Frau mit einer eingeräumten Tötungsbefugnis zuteil würde, wäre keine menschliche Hilfe, die der Würde der Frau Rechnung trägt. Es ist nämlich keine echte Hilfe, wenn jemand in die unerträgliche Situation hineingedrängt wird, über Leben und Tod entscheiden zu müssen. Das Gerede von „Entscheidungsfreiheit" und „eigenverantwortlicher Entscheidung" ist deshalb so unverantwortlich, weil es erst jene Not erzeugt, die angeblich überwunden werden soll. „Den Menschen zum Herren über Leben und Tod zu machen, heißt ihn prinzipiell überfordern" (Prof. Robert Spaemann). Den möglicherweise schon durch die unvorhergesehene Schwangerschaft entstandenen Schwierigkeiten darf nicht noch eine Erniedrigung der Menschenwürde hinzugefügt werden: die Zumutung, eine Tötung als mögliche Alternative in Betracht zu ziehen. Erst durch diese „Entscheidungsmöglichkeit" wird es den Männern leicht gemacht, die Frauen zur angeblich „legalisierten" Abtreibung zu drängen. Die Frau handelt somit häufig nicht selbstbestimmend, sondern fremdbestimmt. Die Anerkennung eines „Entscheidungsrechts" über das Leben eines anderen hilft der Frau in Wahrheit nicht aus ihrer Not, sondern drängt sie in eine vielleicht noch größere hinein (zu den psychischen Spätfolgen von Abtreibungen vgl. Punkt 19). (be/le)

„Gewissensentscheidung der Frau" (15)

„Keine Frau treibt aus Leichtsinn ab. Die Gewissensentscheidung der Frau muß respektiert werden."

Menschenrechte sind unabhängig vom Gewissen anderer

Wer nicht aus Leichtsinn abtreibt, muß noch lange nicht aus Gewissensgründen abtreiben. Die Praxis zeigt, daß viele Frauen weder aus Leichtsinn noch aus Gewissensnot abtreiben, sondern daß sie ohne *ausreichende Information* über
- das Leben des ungeborenen Kindes,
- das tatsächliche Geschehen bei einer Abtreibung (siehe Punkt 11) und
- die Folgeprobleme (somatische und psychische Schäden, siehe Punkt 19)

eine Entscheidung treffen, die sie später bereuen. In vielen Fällen werden sie sogar von anderen Personen (z.B. den Eltern oder dem Vater des ungeborenen Kindes) zur Abtreibung gedrängt. Wo immer aber im Einzelfall eine Entscheidung vorliegen sollte, in die alle relevanten Gesichtspunkte, insbesondere das Recht auf Leben des ungeborenen Kindes, eingeflossen sind, ist noch zu unterscheiden, ob die betreffende Frau glaubt, eine Abtreibung „vor ihrem Gewissen verantworten zu können" (fast immer liegt dieser Fall vor), oder ob das Gewissen die Tötung des ungeborenen Kindes als *sittlich gute und richtige Entscheidung gebietet.* Letzteres wird bei gebührender und gewissenhafter Information und redlicher Abwägung aller Gesichtspunkte von der gesamten klassischen philosophischen Tradition für ausgeschlossen gehalten.

Aber auch bei Annahme eines solchen echten Falles eines „Gewissensgebotes" heißt das keineswegs, daß man den Eltern rechtlich oder tatsächlich die Möglichkeit einräumen müßte, ihr ungeborenes Kind zu töten. Einem Sektenanhänger, dem sein Gewissen befiehlt, lebensnotwendige Rettungsmaßnahmen (z.B. Bluttransfusionen) an seinen Kindern zu verbieten, oder einem verblendeten Terroristen, der glaubt, die Welt durch Mordtaten auf den „rechten Weg" bringen zu müssen, steht der Rechtsstaat auch nicht „respektierend" oder gar hilfreich zur Seite. Die Berufung auf das Gewissen rechtfertigt in keinem Fall die Tötung eines anderen Menschen. (Der einzige im Grundgesetz anerkannte konkrete Fall, in dem der Staat das Gewissen des Bürgers respektieren muß, ist die Kriegsdienstverweigerung. Hier wird das Gewissen aber nur dann geschützt, wenn es befiehlt, andere Menschen gerade *nicht* zu töten!)

Das Wesen von unveräußerlichen Menschenrechten besteht darin, daß ihre Geltung von der (Gewissens-)Zustimmung anderer unabhängig ist. Sonst wären sie auf das reduziert, was ein anderer nach sorgfältiger Überlegung zuzugestehen bereit ist - oder auch nicht -, und damit im Einzelfall wertlos.   (be)

„Fortpflanzungsfreiheit statt Gebärzwang"
(16)

„Ein staatlicher Gebärzwang ist abzulehnen. Ob und wieviele Kinder eine Frau bekommen will, kann sie nur in freier Selbstbestimmung und ohne staatliche Bevormundung entscheiden."

Verantwortliches Sexualverhalten

Der Staat hat die Art, wie Menschen entstehen und Kinder geboren werden, nicht erfunden. Seine Gesetze betreffen Menschen, die schon da sind, auch wenn sie noch im Mutterleib heranwachsen. Die natürliche und an sich selbstverständliche Pflicht zur Austragung des Kindes besteht auch bei entgegenstehendem Willen der Schwangeren. Schwangerschaft ist weder eine Krankheit noch - wegen der Handlungsunfähigkeit des ungeborenen Kindes - ein „Angriff" auf die Gesundheit der Frau. Wegen des Vorrangs des natürlichen Entwicklungsrechts des Kindes im Mutterleib muß die Schwangere die körperlichen Beschwernisse einer Schwangerschaft hinnehmen. Aber ein „Zwang zur

42

Schwangerschaft" und damit ein „Gebärzwang" besteht nicht, da jeder über die Zeugung von Kindern und die verantwortungsvolle Gestaltung seines Sexuallebens frei entscheiden kann.

Das Recht, die Zahl der eigenen Kinder selbst bestimmen zu können, besteht darin, unabhängig von jeder staatlichen Bevormundung soviele Kinder zu zeugen, wie man für richtig hält. Es gibt aber kein Recht, die Zahl der Kinder durch *Tötung bereits* (im Mutterleib) *vorhandener Kinder* zu bestimmen. (be)

„Staatliche Leihmutterschaft" (17)

„Das Angebot, man könne als Alternative zum Schwangerschaftsabbruch ein unerwünschtes Kind zur Adoption freigeben, ist eine ungeheuerliche Zumutung für Frauen. Sie würden zu staatlichen Leihmüttern degradiert."

Adoption rettet Leben

Ein Kind auszutragen, um es wegen widriger Umstände anschließend zur Adoption freizugeben, ist etwas völlig anderes als eine Leihmutterschaft. Bei einer Leihmutterschaft wird bewußt und gewollt ein Kind gezeugt, das nicht bei der Frau bleiben soll, die es austrägt und von der es häufig auch genetisch teilweise abstammt. Im Fall der Adoptionsfreigabe bestand entweder schon vor einer unbeabsichtigten Schwangerschaft eine Notlage, die einer dauernden Sorge für das Kind entgegensteht, oder die Notsituation ist während der Schwangerschaft unerwartet eingetreten. Die Weggabe des Kindes war nicht von vorneherein beabsichtigt. Somit ist die Adoption ein Notbehelf, um trotz einer bestehenden Notlage dem Kind zu einer gesicherten Zukunft zu verhelfen. Bei einer Leihmutterschaft wird dagegen bewußt die Gebärfähigkeit unter Gefährdung des Kindeswohls - was ist, wenn die Ware (das Kind!) den Bestellern (zukünftigen Eltern) nicht gefällt? - gewerblich genutzt.

Einer Mutter fällt es naturgemäß nicht leicht, die Freigabe ihres Kindes zur Adoption als einen möglichen Weg aus einer sonst aussichtslos erscheinenden Lage ins Auge zu fassen. Die vorgeburtliche Tötung des Kindes ist aber eine noch viel größere Zumutung. Das eigene Kind wegzugeben, damit es leben kann, ist immer besser als es zu töten! Beispiele aus der Bibel (Entscheidung des Königs Salomon) und der Literatur (Brecht: Der kaukasische Kreidekreis) zeigen: diejenige Frau ist von wahrer mütterlicher Gesinnung, die auf das Kind lieber verzichtet, als es in Todesgefahr zu bringen.

Darüberhinaus haben Untersuchungen an der Universitätsklinik Würzburg ergeben, daß die psychischen Folgen der Adoptionsfreigabe weit besser aufgearbeitet werden, als die psychische Folgen einer Abtreibung. Während eine Abtreibung zunächst eine gewisse Erleichterung schafft, werden die psychischen Folgeprobleme im Laufe der Jahre immer schlimmer. Die Gewißheit, das eigene Kind getötet zu haben, läßt sich nicht auslöschen. Nach einer Adoptionsfreigabe dagegen nehmen die anfänglichen emotionalen Schwierigkeiten mit der Zeit ab. Die Mutter findet trotz des Schmerzes über die Weggabe des Kindes Trost bei dem Gedanken, daß sie ihrem Kind das Leben in einer von den staatlichen Behörden sorgfältig ausgewählten Familie ermöglicht hat.

Zwar ist die Freigabe eines Kindes zur Adoption keine generell anzustrebende Lösung, sie ist aber einer Abtreibung immer vorzuziehen. Das Ideal bleibt das gemeinsame Zusammenleben des Kindes mit seinen Eltern, was bei rein finanziellen Schwierigkeiten auch durch staatliche Hilfen ermöglicht werden muß. (be)

„Persönliche Moralbegriffe" (18)

„Jeder kann nach seinen eigenen Moralvorstellungen leben. Die Aufregung der Abtreibungsgegner ist deshalb völlig unverständlich. Es wird doch niemand verpflichtet, eine Abtreibung vornehmen zu lassen. Wer meint, daß eine Abtrei-

44

bung unmoralisch ist, der soll es eben lassen. Er soll aber auch nicht versuchen, anderen seine Moralvorstellungen aufzuzwingen."

Staatlicher Schutz existentieller Grundrechte

Es wird niemand verpflichtet zu stehlen, zu verletzen oder zu töten. Trotzdem sind diese Handlungen strafrechtlich verboten und wer es nach seinen eigenen „Moralvorstellungen" vertreten kann, das Eigentum, die Gesundheit oder das Leben anderer zu mißachten, der wird bestraft. Das vom Bundesverfassungsgericht auch für das ungeborene Kind festgestellte *Recht auf Leben* besagt, *daß jeder verpflichtet ist, dieses Recht zu respektieren.* Das Recht,„ nach den eigenen Moralvorstellungen leben zu dürfen", findet seine Grenze dort, wo die Rechte anderer verletzt werden (vgl. Art. 2 Abs. 1 Grundgesetz).

Wer für das Lebensrecht der Ungeborenen eintritt, der will nicht anderen „seine Privatmoral aufzwingen", sondern er verteidigt ein auch ins staatliche Recht (Art. 2 Abs. 2 Satz 1 i.V.m. Art. 1 des Grundgesetzes) aufgenommenes unantastbares Menschenrecht. „Das menschliche Leben stellt ... innerhalb der grundgesetzlichen Ordnung einen Höchstwert dar; es ist die vitale Basis der Menschenwürde und die Voraussetzung aller anderen Grundrechte" (BVerfGE S. 42). Bei der Verteidigung des Rechts auf Leben geht es deshalb nicht um bestimmte Glaubensvorstellungen, die angeblich immer wieder von „religiösen Eiferern" in die öffentliche Diskussion gebracht werden, sondern um eine *fundamentale Rechtsposition unserer Verfassung.* Dagegen wollen die Abtreibungsbefürworter ihre „Moral" den ungeborenen Kindern aufzwingen. Da sich die Ungeborenen nicht selbst wehren können, muß diese krasse Form des „Rechts des Stärkeren" durch staatliche Gesetze verhindert werden.

Auch an diesem Punkt wird die Unglaubwürdigkeit der Abtreibungsbefürworter deutlich. Würden sie es etwa in Bezug auf das Abschlachten von Robbenbabys gelten lassen, wenn man argumentieren würde: „Es wird doch niemand verpflichtet, Robben zu töten. Wer das für falsch hält, muß sich daran nicht beteiligen. Er soll aber auch nicht versuchen, den Robbenjägern seine Meinung aufzuzwingen". (be)

„Abtreibung ist endgültige Problemlösung"
(19)

„Frauen haben ein Recht darauf, nicht auf soziale Hilfen, die Möglichkeit der Adoptionsfreigabe oder ähnliches vertröstet zu werden. Die Probleme, die wegen einer ungewollten Schwangerschaft entstehen, können nur durch einen Schwangerschaftsabbruch schnell, schonend und endgültig beseitigt werden."

Physische und psychische Schäden durch Abtreibungen

Eine Abtreibung ist nur eine vordergründige und kurzfristige „Hilfe" für Frauen. Der momentanen Erleichterung, ein „Problem" weniger zu haben, folgt häufig bald die Ernüchterung. Partnerschaftskonflikte, die in beachtlicher Zahl ungewollte Schwangerschaften zu Konfliktschwangerschaften machen, können auf diese Weise nicht gelöst werden. Im Gegenteil: Untersuchungen haben gezeigt, daß bereits nach einem Jahr die Hälfte der Partnerschaften, in denen es zu einer Abtreibung kam, nicht mehr bestehen.

Zu nicht ausgeräumten psychischen, finanziellen oder anderen Problemen kommen bei einer Abtreibung gravierende zusätzliche Schwierigkeiten auf die Frau zu: körperliche und seelische Folgeschäden.

● **Körperliche Schäden**
Auch bei sorgfältiger Durchführung kann es bei Abtreibungen - wie bei jedem medizinischen Eingriff - zu Komplikationen und *Sofortschäden* körperlicher Art kommen. In der medizinischen Literatur werden sie mit 10 bis 15 Prozent angegeben. Durch das Saugrohr oder die Kürette kann es

während der Abtreibung zu einer Durchstoßung der Gebärmutterwand (Perforation) kommen oder zu Rissen im Gebärmutterhals (Cervixruptur). Ferner können Blutungen, Entzündungen, mitunter auch Trombosen und Embolien auftreten. Sowohl bei örtlicher Betäubung als auch bei Vollnarkose können allergische Reaktionen entstehen, die zu Atem- und Herzstillstand, in seltenen Fällen auch zum Tod führen können.

Körperliche *Spätschäden* können auch noch Wochen, Monate oder auch Jahre nach der Abtreibung auftreten. Sie treten in bis zu 30 Prozent der Fälle auf. Zu nennen sind vor allem Unfruchtbarkeit oder Komplikationen bei weiteren Schwangerschaften. Durch Entzündungen kann es zum Verschluß der Eileiter kommen. Der Anteil von Frauen, die eine oder mehrere Abtreibungen hinter sich haben, ist deshalb bei den extrakorporalen Befruchtungsverfahren überdurchschnittlich hoch. Cervixrisse und andere Veränderungen an der Gebärmutter erhöhen die Fehlgeburtenrate. Sogenannte Bauchhöhlenschwangerschaften treten überdurchschnittlich häufig auf. Narbige Stellen in der Gebärmutter können einen geringeren Reifegrad des Kindes bei der Geburt sowie in Einzelfällen auch körperliche oder geistige Schädigungen zur Folge haben.

● **Psychische Schäden**
Eine Abtreibung ist ein traumatisierender und widernatürlicher Akt, der der Natur der Frau zuwiderläuft. Das Wesen der Frau wird durch den Eingriff berührt. Identitätskrisen mit erheblichen psychischen Problemen sind die Folge.

Während psychische *Sofortreaktionen* nach Abtreibungen eher selten sind (aber im Einzelfall sehr heftig sein können), überwiegen die *Spätschäden,* die teilweise erst Jahre nach einer Abtreibung auftreten. Achzig Prozent der Frauen, die selbst abgetrieben haben, glauben, daß seelische Spätfolgen nach Abtreibungen auftreten. Sechzig Prozent fühlen sich davon selbst betroffen. Die Spannweite der psychischen Spätfolgen ist groß: Reue- und Schuldgefühle (ca. 35 Prozent), Stimmungsschwankungen und Depressionen (ebenfalls ca. 35

Prozent), unmotiviertes Weinen, Angstzustände und schreckhafte Träume (ca. 30 Prozent). Die psychischen Reaktionen werden häufig von funktionellen Störungen, wie Herzrhythmusstörungen, labilem Blutdruck, Migräne, Magen-Darm-Störungen, Unterbauchkrämpfen, Schlafstörungen oder vorzeitiger Wehentätigkeit bei erneuter Schwangerschaft begleitet. In schwerwiegenden Einzelfällen kann es zu Selbstmorden und Selbstmordversuchen kommen, insbesondere dann, wenn die Frau äußerem Druck ausgesetzt war.

Die unrichtige Vorstellung, daß seelische Folgen bei Abtreibungen selten und nicht von langer Dauer seien, wird durch Untersuchungen genährt, die rein psychosozial angelegt sind und ihre Ergebnisse auf ausgefüllte Fragebögen stützen. Wesentlich aussagekräftiger sind jedoch psychoanalytisch angelegte Untersuchungen, bei denen im persönlichen Gespräch mit den einzelnen Betroffenen viel stärker in die Tiefe gegangen werden kann. Auf den Ergebnissen solcher Studien beruhen die hier angegebenen Prozentangaben für psychische Spätfolgen nach Abtreibung.

Die vorgeburtliche Kindestötung kann nur oberflächlich betrachtet als „Lösung" einer Konfliktlage angesehen werden. Die körperlichen und seelischen Folgeschäden sind erheblich. Nicht nur das ungeborene Kind, sondern auch viele Frauen sind Opfer der Abtreibung.   (si)

„Man kann nichts ändern"   (20)

„Abtreibungen hat es immer schon gegeben und wird es immer geben. Daran kann man sowieso nichts ändern."

Rechtsgüter schützen

Die meisten Delikte (wie Körperverletzung, Diebstahl, Betrug etc.) hat es immer schon gegeben, und es wird sie weiterhin geben. Merkwürdigerweise wird die Behauptung der „Unabänderlichkeit" aber nur in Bezug auf Abtreibungen verwendet. Diese Aussage ist deshalb unglaubwürdig. Welche Empörung entstünde, würdeß z.B. Umweltdelikte auf gleiche Weise beurteilt und jegliche Anstrengung für einen besseren Umweltschutz unterlassen!

Das Recht bietet niemals eine hundertprozentige Garantie, daß das Unrecht vermieden werden kann. Es ist immer nur der Versuch, die betroffenen Rechtsgüter (Leben, Gesundheit, Eigentum etc.) möglichst wirkungsvoll und vollständig zu schützen. Genauso verhält es sich auch bei der Abtreibung: das Leben des ungeborenen Menschen soll möglichst weitgehend vor Angriffen geschützt werden. Daß dies in der Vergangenheit in großem Umfang nicht gelungen ist und auch in Zukunft nicht völlig gelingen wird, ist kein Anlaß, ganz auf Schutzmaßnahmen zu verzichten.

Gesetzliche Regelungen, sozialpolitische oder bewußtseinsbildende Maßnahmen wirken auf das Verhalten der Menschen ein. Dies ist allgemein anerkannt. Deshalb gilt es auch, beim Problem der Abtreibung alle in Frage kommenden Lösungsansätze zu bündeln. Auf diese Weise ist es möglich, die Abtreibungszahlen zu reduzieren.   (be)

„Politisch nicht durchsetzbar" (21)

„Änderungen der geltenden gesetzlichen Regelung sind politisch nicht durchsetzbar."

Durchsetzbarkeit schaffen

Wer sich nur danach richtet, was *heute* als durchsetzbar gilt, wird seine Vorstellungen nie durchsetzen können. Er hat schon jetzt vor den Schwierigkeiten kapituliert. Vieles, was noch vor einigen Jahren unrealistisch und undurchsetzbar schien, ist aber heute verwirklicht (man denke z.B. nur an die Wiedervereinigung Deutschlands). Der künftige Lauf der Geschichte ist nicht unabänderlich vorherbestimmt. Politik ist ein ständiger Meinungsbildungsprozeß. Es besteht immer die Chance, mit Ausdauer und guten Argumenten allmählich einen Meinungswandel und eine Änderung der Verhältnisse herbeizuführen.

Vieles von dem, was heute etwa in der Sozialpolitik, der Umweltpolitik oder anderen Bereichen durchsetzbar ist, war vor einigen Jahren „nicht durchsetzbar". Die meisten Entscheidungen bedürfen einer sorgfältigen, unter Umständen auch jahrelangen Vorbereitung. So wie die „Abtreibungsreform" Mitte der siebziger Jahre in der Bundesrepublik Deutschland nicht von heute auf morgen durchgesetzt, sondern von langer Hand vorbereitet worden war, so bedarf es auch einer besonders ausdauernden Anstrengung, um wieder einen konsequenten Schutz des menschlichen Lebens, insbesondere der ungeborenen Kinder, politisch und gesellschaftlich durchzusetzen.

Der Hinweis, man könne eine bestimmte Forderung nicht durchsetzen, dient leider häufig dazu, mangelnde eigene Zivilcourage, Kreativität und Durchsetzungs*fähigkeit* zu verdekken. Das gilt auch für Regierungskoalitionen, in denen einer der Koalitionspartner eine Forderung in Hinblick auf den anderen Koalitionspartner als „nicht durchsetzbar" bezeichnet, um von mangelnder Grundsatztreue und Unschlüssigkeit im eigenen Lager abzulenken. (be)

„Abtreibungstourismus ins Ausland" (22)

„Da Schwangerschaftsabbrüche in vielen Staaten der Welt, auch in den meisten unserer europäischen Nachbarländer, leichter zu erreichen sind als im Geltungsbereich unseres Strafgesetzbuches, würde ein Verbot nur dazu führen, daß schwangere Frauen zur Abtreibung ins Ausland fahren („Abtreibungstourismus").

Nicht „Abtreibungstourismus", sondern Abtreibungen verhindern

Wenn ein Gesetz umgangen werden kann, ist das kein Argument für die Aufhebung des Gesetzes, sonst müßte man

fast alle Gesetze ersatzlos streichen! Soweit die Schutzbe-
dürftigkeit des betreffenden Rechtsgutes bejaht wird, ist es
eine zwingende Folgerung, eine möglichst weitgehende Ein-
dämmung der Umgehungsmöglichkeiten anzustreben.

Es kann nicht darum gehen, Auslandsabtreibungen dadurch zu „verhindern", daß man Abtreibungen im Inland ermöglicht. Es geht nicht um den Ort der Abtreibung, sondern
darum, die Gesamtzahl der Tötungen im Mutterleib zu verringern. Dies kann u.a. durch die bewußtseinsbildende und
abschreckende Kraft eines strafrechtlichen Verbotes geschehen. Der Gesetzgeber hat sich deshalb, zumindest was die
Auslandsabtreibungen betrifft, bemüht, den Schutz des ungeborenen Kindes durch das deutsche Strafrecht auch dann
zu gewährleisten, wenn die Abtreibung außerhalb des Geltungsbereiches des Strafgesetzbuches durchgeführt wird.
Gemäß Paragraph 5 Nr. 9 StGB sind Abtreibungen außerhalb des Geltungsbereiches des Strafgesetzbuchs unter denselben Voraussetzungen strafbar, wie innerhalb dieses Geltungsbereiches, wenn der Täter innerhalb des Geltungsbereiches seinen Wohnsitz hat. Dies ist Ausdruck des sogenannten „Schutzprinzips", das „inländische Rechtsgüter von
besonderem Rang" unabhängig vom Recht des Tatorts unter
den Schutz des Strafrechts stellt. „Schutzprinzip" und
„Wohnortprinzip" (der Täter muß im Geltungsbereich des
StGB wohnen) sind insoweit identisch.

Leider ist dieser Schutz jedoch praktisch äußerst gering,
weil die im Inland geltenden Strafvorschriften unzureichend
sind (siehe Punkt 25 ff.). Insbesondere durch Paragraph 218
Abs. 3 Satz 2 StGB werden Auslandsabtreibungen geradezu
privilegiert. Nach dieser Bestimmung ist es für die
Straflosigkeit der Mutter nur erforderlich, daß sie eine Beratungsstelle aufgesucht hat und die Abtreibung von einem
Arzt innerhalb einer Frist von 22 Wochen (!) vorgenommen
wurde. Eine Indikation ist nicht erforderlich (siehe auch
Punkt 28)! Zwar wäre ein deutscher Arzt in diesem Falle
strafbar, weil die Strafbefreiung nach Paragraph 218 Abs. 3
Satz 2 StGB nur für die Frau gilt. Der ausländische Abtrei-

ber unterliegt aber ohnehin nicht den Vorschriften des Strafgesetzbuches. Somit werden durch das geltende Strafrecht Auslandsabtreibungen begünstigt.

Um einen effektiven Rechtsgüterschutz zu erreichen und die Auslandsabtreibungen zu verringern, wäre es sinnvoll, eine einheitliche europäische Regelung zu finden, die dem Lebensrecht des ungeborenen Kindes Geltung verschafft. Ferner sind die rechtlichen Maßnahmen zu *ergänzen*: in den Bereichen Aufklärung und Bewußtseinsbildung sowie der Sozial- und Familienpolitik. Hierdurch soll die Motivation von Frauen beeinflußt werden, die in dem ungeborenen Kind eine Belastung sehen und eine Abtreibung (sei es im Inland oder im Ausland) erwägen. Eine Strafnorm, die die Tötung ungeborener Kinder verbietet, wird dadurch aber nicht überflüssig.

Es ist eine Tatsache, daß es einen Abtreibungstourismus in europäische Nachbarstaaten und auch innerhalb des Geltungsbereiches des Strafgesetzbuches gibt. Frauen aus Staaten mit „restriktiven" Regelungen oder aus deutschen Bundesländern mit einer „restriktiven Handhabung" der Gesetze weichen in „liberalere" Staaten bzw. Bundesländer aus. Dies ist aber kein Beweis dafür, daß die Gesamtzahl der Abtreibungen aufgrund der Wanderungsbewegungen unverändert bleibt und sich nur der Ort der Abtreibung verlagert. Empirisch nachweisen ließe sich dies z.B. für den Bereich der westlichen deutschen Bundesländer, wenn die Bundesstatistik nicht nur den Ort des Schwangerschaftsabbruchs, sondern auch den Wohnort der Schwangeren erfassen würde. Die dämpfende Wirkung „restriktiver" Regelungen oder einer „restriktiven Handhabung" der Gesetze kann auch bei tatsächlichen Wanderungsbewegungen nicht ausgeschlossen werden. Sie ist im Gegenteil sogar sehr wahrscheinlich. So ist zum Beispiel in einer Frauenbefragung des Max-Planck-Instituts für ausländisches und internationales Strafrecht festgestellt worden, daß mehr als die Hälfte derjenigen abtreibungswilligen Frauen, die ursprünglich eine Indikationsfeststellung durch einen Arzt erreichen wollten, ihr Kind ausgetragen haben, wenn ihnen die Indikation vom ersten oder gegebenenfalls auch vom zweiten aufgesuchten Arzt verweigert worden war. Je schwieriger es ist, eine Abtreibung durchführen zu lassen, desto höher ist die Zahl der ausgetragenen Schwangerschaften und damit die Zahl der überlebenden Kinder.

In jedem Falle darf die - besonders langfristig wirksame - bewußtseinsbildende Kraft von „restriktiven" Gesetzen nicht außer acht gelassen werden. Schwierigkeiten bei der Durchsetzung von Gesetzen rechtfertigen es nicht, den gesetzlichen Schutz ganz aufzugeben und die Unrechtskennzeichnung vorgeburtlicher Kindestötungen ersatzlos zu streichen. (be)

„Abtreibungstourismus in die ehemalige DDR" (23)

„Seit der Wiedervereinigung bietet sich auch die Gelegenheit, in die Länder der ehemaligen DDR zu fahren, um dort abzutreiben. Angesichts dieser Möglichkeit nützen restriktive Gesetze in den westlichen Bundesländern Deutschlands überhaupt nichts."

Verfassungswidrige Rechtslage muß geändert werden

Seit der Wiedervereinigung am 3. Oktober 1990 bestehen innerhalb Deutschlands zwei unterschiedliche Abtreibungsregelungen nebeneinander. Während auf dem Gebiet der westlichen Bundesländer weiterhin die Paragraphen 218 ff. StGB gelten, bleibt in den Ländern der ehemaligen DDR die dortige „Fristenlösung" bis zum 31. Dezember 1992 in Kraft. Der gesamtdeutsche Gesetzgeber soll nach den Bestimmungen des Einigungsvertrages baldmöglichst eine einheitliche Neuregelung beschließen (siehe hierzu Punkt 43 und 44). Kommt diese nicht zustande, soll die östliche

„Fristenlösung" sogar ohne zeitliche Beschränkung weitergelten (Art. 31 Abs. 4 Satz 4 des Einigungsvertrages)!

Während vor der Wiedervereinigung gemäß Paragraph 5 Nr. 9 StGB (siehe Nr. 22) auch Abtreibungen durch Westdeutsche in der DDR nach den Paragraphen 218 ff. StGB strafbar waren („Schutz-" bzw. „Wohnortprinzip"), da die DDR strafrechtlich wie Ausland behandelt wurde, soll innerhalb Deutschlands nunmehr das sogenannte „Tatortprinzip gelten". Es wird also immer das Strafrecht angewendet, in dessen Geltungsbereich die Tat vorgenommen wird. Praktisch bedeutet dies, daß westdeutsche Frauen, die in den Ländern der ehemaligen DDR abtreiben lassen, nach der dortigen Fristenlösung in den ersten drei Schwangerschaftsmonaten straffrei bleiben, auch wenn keinerlei Indikation gegeben ist. In welchem Umfang sich hieraus ein innerdeutscher Abtreibungstourismus in die östlichen Bundesländer entwickeln wird, ist noch nicht abzusehen. Die Kosten für eine Bahnfahrkarte in das Gebiet der ehemaligen DDR sind jedenfalls die einzige noch verbleibende Hürde, die überwunden werden muß, um innerhalb Deutschlands willkürlich abtreiben zu können.

Rechtlich betrachtet ist die durch den Einigungsvertrag ins deutsche Bundesrecht übernommene Fristenregelung für das Gebiet der ehemaligen DDR *eindeutig verfassungswidrig*. Sie ist noch lebensverachtender ausgestaltet, als die vom BVerfG für verfassungswidrig erklärte bundesdeutsche Fristenregelung von 1974. Laut „Gesetz über die Unterbrechung der Schwangerschaft" von 1972, das Walter Ulbricht, der Vater von Mauer und Schießbefehl, unterzeichnet hat, ist die Frau „berechtigt", die Schwangerschaft „unterbrechen" zu lassen (§ 1 Abs. 2; zu den Bestimmungen für die Länder der ehemaligen DDR vgl. Dokumentation II. 2.). Es ist nur eine Beratung über die medizinische Bedeutung der Abtreibung und die Möglichkeiten der Empfängnisverhütung vorgeschrieben. Schutzvorschriften für das ungeborene Kind bestehen nicht.

Die Übernahme der DDR-Fristenregelung ist ein großes Versagen der westlichen Verhandlungsführer, ein Bruch der Verfassung und eine Bankrotterklärung ethischer Maßstäbe in der Politik. Die deutsche Wiedervereinigung wäre nicht gescheitert, wenn man die Weitergeltung der Fristenregelung verweigert hätte. Die Wiedervereinigung hätte unter Umständen nicht mit einem Einigungsvertrag zwischen der Bundesrepublik Deutschland und der DDR vollzogen werden können, da dies nur mit den Stimmen der SPD möglich war, die jedoch unbedingt auf der Weitergeltung des DDR-„Rechts" bestand. Stattdessen wäre ein sogenanntes „Überleitungsgesetz" möglich gewesen, für das nur eine einfache Mehrheit im Bundestag erforderlich gewesen wäre.

Die Politiker hätten sich auch nicht aus staatspolitischen Gründen auf die teilweise Übernahme der Fristenregelung einlassen dürfen. Das BVerfG hat 1975 erklärt, daß die Grundentscheidung der Verfassung für die unbedingte Achtung vor dem Leben jedes einzelnen Menschen die Gestaltung und Auslegung der gesamten Rechtsordnung bestimmt: „Auch der Gesetzgeber ist ihr gegenüber nicht frei; gesellschaftliche Zweckmäßigkeitserwägungen, ja staatspolitische Notwendigkeiten können diese verfassungsrechtliche Schranke nicht überwinden" (BVerfGE S. 67).

Solange weder die Bundesregierung, noch eine Landesregierung oder ein Drittel des Bundestages - sie allein sind nach dem Bundesverfassungsgerichtsgesetz klagebefugt - eine Normenkontrollklage gegen die verfassungswidrige Übergangsregelung im Bereich des Abtreibungsstrafrechts erheben, wird die Fristenregelung im Bereich der neuen Bundesländer faktische Geltung haben. Im Lichte der Menschenwürde und der grundgesetzlichen Garantie des Rechts auf Leben betrachtet ist und bleibt sie Unrecht und muß schnellstens aufgehoben werden.   (be)

„*Heute weniger Abtreibungen als vor der Reform*" (24)

„Es ist fraglich, ob überhaupt eine Änderung der Abtreibungsregelung angestrebt werden sollte. Vor der Reform des Abtreibungsstrafrechts Mitte der siebziger Jahre hat es noch mehr Abtreibungen gegeben als heute."

Nach der „Reform" ist Abtreibungshäufigkeit gestiegen

In Deutschland war die Zahl der Abtreibungen zu Beginn des 20. Jahrhunderts, insbesondere in den Jahren nach dem Ersten Weltkrieg, sehr hoch. Auch nach dem Zweiten Weltkrieg ist von einer zunächst hohen Abtreibungsrate auszugehen. Im Laufe der fünfziger und sechziger Jahre nahmen aber die Abtreibungszahlen ab. Die fundiertesten und seriösesten Schätzungen für den Zeitraum Ende der sechziger, Anfang der ziebziger Jahre gingen für das Gebiet der Bundesrepublik Deutschland von 75.000 bis 100.000 Abtreibungen pro Jahr aus. Von diesen Zahlen ist auch der Gesetzgeber ausgegangen, als er die Reform des Paragraph 218 StGB in Angriff nahm. Vor dem Sonderausschuß für die Strafrechtsreform wurde mehrmals die Zahl von etwa 100.000 Abtreibungen im Jahr bestätigt. Selbst die SPD hat damals in ihrer Begründung für den Gesetzentwurf zur sogenannten „Fristenregelung" auf eine Zahl von „mehr als 80.000 Abtreibungen" Bezug genommen.

Die seinerzeit von Befürwortern der Strafrechtsreform in Umlauf gebrachten Horrorzahlen von bis zu zwei Millionen Abtreibungen jährlich entbehrten jeder Grundlage. Es wurden nie plausible Berechnungen angegeben oder tatsächliche Anhaltspunkte für Schätzungen in dieser Größenordnung genannt. Weiterhin wurde behauptet, daß jährlich 15.000 - nach anderer Darstellung sogar 40.000 - Frauen an den Folgen illegaler Abtreibungen gestorben wären. Wie unsinnig diese Behauptungen waren, zeigt die Tatsache, daß in den betreffenden Jahren jährlich ca. 13.000 Frauen im gebärfähigen Alter an *allen Todesarten zusammen* gestorben sind, davon einige wenige infolge verpfuschter Abtreibungen. Die Strategie der Abtreibungsbefürworter in der Bundesrepublik Deutschland war insoweit dem Vorgehen der amerikanischen „Pro Choice"-Bewegung sehr ähnlich. Erst viele Jahre nachdem auch in den USA mit weit übertriebenen Zahlen über illegale Abtreibungen und dabei vorkommende Todesfälle die fast völlige Freigabe der vorgeburtlichen Kindestötung erreicht worden war, wurde enthüllt, daß diese frei erfunden und bewußt zur Manipulation der öffentlichen Meinung eingesetzt worden waren.

Für die Zeit nach der Änderung der Strafrechtsbestimmungen durch die Einführung der sog. „Indikationslösung" wird die Zahl der Abtreibungen in den westlichen Ländern der Bundesrepublik auf über 200.000 pro Jahr geschätzt. Diese Schätzungen sind relativ verläßlich, da der größte Teil dieser Zahl auf kassenärztlich abgerechnete Abtreibungen entfällt, die leicht ermittelt werden können. Mehr als 200.000 Abtreibungen stehen heute etwa 600.000 Geburten gegenüber, während vor der Reform 75.000 bis 100.000 Abtreibungen etwa 800.000 bis 900.000 Geburten gegenüberstanden. Somit hat sich die Abtreibungshäufigkeit nach der Reform des Abtreibungsstrafrechts drastisch erhöht (insgesamt mindestens verdreifacht!). Dies stimmt auch mit den Erfahrungen in anderen Ländern überein, die nach einer Lockerung der Abtreibungsbestimmungen ein rasches Ansteigen der Abtreibungszahlen zu verzeichnen hatten. (be)

„Mißbrauch der Gesetze" (25)

„Die Rechtslage ist doch in Ordnung. Nach den Bestimmungen der Indikationsregelung darf lediglich in eng um-

grenzten Ausnahmefällen abgetrieben werden. In der Praxis wird nur – vor allem mit der 'sozialen Indikation' – ein großer Mißbrauch getrieben."

Die Gesetzesbestimmungen haben gravierende Mängel

Die strafrechtlichen Bestimmungen über den „Schwangerschaftsabbruch" (§§ 218 ff. StGB, siehe Dokumentation II.) und die Leistungsvorschriften für die öffentlich–rechtlichen Krankenkassen (§§ 200 f und g der Reichsversicherungsordnung) sind teilweise verfassungswidrig und enthalten schwerwiegende Mängel. Die gegenwärtige Praxis der „Abtreibung auf Wunsch" ist kein „Mißbrauch" der Gesetze, sondern eine konsequente Ausnutzung der Möglichkeiten, die durch die Gesetze geboten werden. Der Gesetzgeber hätte aufgrund von Warnungen in der einschlägigen Fachliteratur und anhand der Entscheidung des Bundesverfassungsgerichts zur sogenannten „Fristenlösung" diese Entwicklung vorhersehen und verhindern können.

Als gravierende Mängel sind zu nennen:

● Die Vorschriften über das „Leistungsangebot Abtreibung" der öffentlich–rechtlichen Krankenkassen und deren Verhalten sind verfassungswidrig (siehe Nr. 26, 27).

● Paragraph 218 Abs. 3 Satz 2 enthält eine „verkappte Fristenlösung" (siehe Nr. 28).

● Die „Indikationen" des § 218 a StGB sind nicht ausdrücklich als reine Straffreistellungsgründe bezeichnet und zu weit gefaßt (siehe Nr. 29, 30).

● Die gesetzlichen Vorschriften über die Beratung (§ 218 b StGB haben praktisch keine Schutzwirkung zugunsten des ungeborenen Kindes (siehe Nr. 31).

● Die Vorschriften über die Indikationsfeststellung gemäß den Paragraphen 219 und 219 a StGB sind unzureichend und schützen das Kind ebenfalls nicht (siehe Nr. 32).

● Die persönliche Verantwortung des einzelnen wird durch das gesamte Beratungs- und Indikationsbescheinigungssystem aufgelöst. Gebotene personelle und räumliche Trennungen sind nicht vorgeschrieben (siehe auch Nr. 31, 32).

Wenn Gesetze ihrem „Mißbrauch" auf eine so eklatante Weise Tür und Tor öffnen, wie die Abtreibungsvorschriften des Strafgesetzbuches, dann kann man diesen „Mißbrauch" bei unveränderter Gesetzeslage nicht wirksam bekämpfen. Es gibt auch Hinweise darauf, das die heutige Praxis durchaus von der damaligen SPD/FDP–Koalition bei der Schaffung der „Indikationslösung" angestrebt und vorhergesehen worden war, obwohl seinerzeit immer behauptet wurde, daß der Schutz des ungeborenen Kindes sogar verbessert werden sollte!

Selbst wenn aber der Gesetzgeber 1976 diese jetzige Entwicklung tatsächlich nicht vorhergesehen haben sollte, ist er zumindest heute verpflichtet, das ungeborene Kind durch eine nachträgliche Verbesserung der Vorschriften wirksamer zu schützen. Eine solche „Nachbesserungspflicht" des Gesetzgebers bei Prognoseentscheidungen, die sich als falsch erwiesen haben, ist vom BVerfG ausdrücklich anerkannt.   (be)

„Abtreibungen sind normale Kassenleistungen" (26)

„Der Gesetzgeber hat Abtreibungen in den Leistungskatalog der öffentlich-rechtlichen Krankenversicherungen aufgenommen. Deshalb besteht ein Rechtsanspruch auf Abtreibung. Was der Staat als öffentlich-rechtliche Sozialleistung anbietet und fördert, kann nicht rechtswidrig sein."

Abtreibung als Sachleistung der Krankenkassen verfassungswidrig

Daß der Staat die Tötung ungeborener Kinder zu seiner eigenen Sache gemacht hat und seit 1976 den Müttern als „Sachleistung" der gesetzlichen Krankenkassen mit Rechts-

59

anspruch anbietet, ist einer der Kernpunkte der Reformgesetzgebung von 1975/76. Über eine mit bloßer Strafbefreiung verbundene „Neutralität" geht der Staat in den Paragraphen 200 f und g der Reichsversicherungsordnung (RVO) weit hinaus: Der Staat bietet die Tötung selbst als Sozialleistung an. Dafür gibt es aber keine Rechtfertigung.

● Gegen die Paragraphen 200 f, g RVO bestehen zahlreiche verfassungsrechtliche Einwände, die aus dem Grundrecht des Kindes auf Leben, aber auch aus dem Recht der Beitragszahler auf Gewissensfreiheit abzuleiten sind.

● Eine vorsätzliche Handlung, wie sie jede Abtreibung darstellt, kann man seriöserweise nicht versichern. In keiner anderen Versicherung gibt es etwas Vergleichbares.

● Jede Abtreibung ist die Tötung eines Menschen. Dessen Lebensrecht ist durch die Verfassung abgesichert. Deshalb kann es auch schon vom Ergebnis her nicht richtig sein, die Kassenleistung „Abtreibung" als Regel und nicht als seltene Ausnahme anzubieten, die allenfalls bei streng verstandener medizinischer Indikation in Betracht kommt.

● Das Gesetz wird auch nicht richtig angewendet. Nach den Bestimmungen der Paragraphen 200 f, g RVO dürften die Krankenkassen nur „nicht rechtswidrige" Abtreibungen durchführen. Dieses Tatbestandsmerkmal hätten sie nach allgemeinem Verwaltungsrecht in jedem Fall zu prüfen. Aufgrund einer Vereinbarung aus dem Jahr 1975 führen sie diese Prüfung aber in keinem Fall durch. Deshalb steht unbestritten fest, daß die Krankenkassen in sehr zahlreichen Fällen Abtreibungen durchführen, denen überhaupt keine Indikation zugrunde liegt und die deshalb strafbar sind. Diese Praxis kann niemand gutheißen, die Aufsichtsbehörden müßten einschreiten.

● Nach richtiger Ansicht ist davon auszugehen, daß auch die meisten straflos bleibenden Abtreibungen aus verfassungsrechtlichen Gründen rechtswidrig sind (siehe Punkt 29) und deshalb nicht als öffentliche Sozialleistung angeboten werden dürfen.

● Die „Abtreibung auf Krankenschein" ist nicht zuletzt ein verheerender Beitrag zur Verwirrung des Rechtsbewußtseins. Ein Leistungsangebot der öffentlich–rechtlichen Krankenkassen kann in den Augen des normalen Kassenmitglieds doch nicht „unerlaubt" oder „rechtswidrig" sein. Es liegt deshalb ein Verstoß gegen die Forderung des Bundesverfassungsgerichts vor, Abtreibungen nicht den Anschein normaler Heilbehandlungen zu geben (BVerfGE S. 44).   (ph)

„Abtreibungsfinanzierung sozial notwendig" (27)

„Ein Wegfall der Finanzierung von Abtreibungen durch die Krankenkassen würde dazu führen, daß soziale Ungerechtigkeit entstünde: die Reichen könnten weiterhin (im Ausland) abtreiben, die Armen müßten Kinder kriegen oder zu ‚Engelmachern' und ‚Kurpfuschern' gehen."

Keine staatliche Förderung von Unrecht

Der auf den ersten Blick griffige Hinweis auf soziale Ungerechtigkeit bei Wegfall der staatlichen „Kassenleistung Abtreibung" und das auch in diesem Zusammenhang verwendete Schlagwort von einem drohenden „Abtreibungstourismus" halten einer ernsthaften Überprüfung nicht stand.

Die Kosten für eine ambulant durchgeführte Abtreibung belaufen sich auf ca. 300 bis 500 DM (incl. Nebenleistungen, je nach Stadium der Schwangerschaft). Ein solcher Betrag kann auch von unterdurchschnittlichen Verdienern aufgebracht werden. Daher besteht schon gar nicht die Notwendigkeit, die Solidargemeinschaft der Versicherten mit den Abtreibungskosten zu belasten. Sollte man für soziale Härtefälle aber einen Bedarf für eine finanzielle Unterstützungsregelung sehen (was aus rechtlichen Gründen, siehe Punkt 29, äußerst problematisch ist), dann wäre es sachgerechter, nicht die Krankenkassen als Leistungsträger heranzuziehen, sondern – wie in anderen Fällen finanzieller Not auch – auf das Bundessozialhilfegesetz zu verweisen. Es wäre allerdings zynisch, ärmeren Bevölkerungsschichten bei der Tötung ihrer Nachkommen behilflich zu sein, statt ihnen berechtigte Unterstützung zukommen zu lassen.

Vor allem aber ist schon der gedankliche Ansatz falsch, soziale Gerechtigkeit durch die Förderung von Unrecht (Tötung ungeborener Kinder) schaffen zu wollen. Dies widerspricht dem Rechtsstaatsprinzip. Daß „Reiche" generell bessere Voraussetzungen zur Begehung von Straftaten haben, ist ein allgemeines Problem. Seine Lösung kann nicht darin bestehen, „minderbemittelten" Straftätern Unterstützung zukommen zu lassen, damit „Chancengleichheit" und dieselbe medizinische Risikofreiheit wie bei „begüterten" Tätern gegeben ist.

Bei privater Bezahlung von Abtreibungen werden diese auch nicht weniger „fachgerecht" ausgeführt als wenn sie von den Krankenkassen als öffentlich-rechtliche Leistung angeboten werden. Sonst müßte die Komplikations– und Todesrate in Ländern ohne staatliche Abtreibungshilfe (z.B. Österreich und die meisten Staaten der USA) höher liegen als in Ländern mit Finanzierung. Dies ist aber nicht der Fall. Die Todesrate bei Abtreibungen war übrigens auch in Deutschland vor der „Reform" entgegen verschiedenen Behauptungen äußerst niedrig (vgl. Punkt 24). Der gebräuchliche Hinweis, Bedürftige würden zu „Kurpfuschern" und „Engelmachern" getrieben, ist demnach unberechtigt. Aber auch wenn die Gefahr des Kurpfuschertums begründet wäre, müßte der Gesundheitsschutz des Täters gegenüber dem Lebensschutz des Opfers zurückstehen.

Der wahre Grund für die zähe Verteidigung der kassenärztlichen Abtreibungsleistungen liegt darin, daß die Befürworter einer erleichterten Abtreibung die in ihrem Sinne nützliche bewußtseinsbildende Wirkung der Krankenkassenregelung erkannt haben und sie weiterhin ausnutzen wollen. (schö/be)

„Umfassende Rücknahme der Strafdrohung zugunsten der Beratung" (28)

*„Auch Frauen, bei denen kein verfassungsrechtlich aner-
kennenswerter Grund für die Straflosstellung der Abtreibung
vorliegt, muß die Straffreiheit garantiert werden, damit sie
sich einer lebensschützenden Pflichtberatung unterziehen".*

Verkappte Fristenlösung

Gemäß Paragraph 218 Abs. 3 Satz 2 StGB ist jede Frau
straffrei (persönlicher Strafausschließungsgrund), wenn sie
vor der Abtreibung von einem beliebigen Arzt über die ärztlich bedeutsamen Gesichtspunkte sowie von einem Berater
über die zur Verfügung stehenden öffentlichen und privaten
Hilfen (Sozialberatung) unterrichtet und die Abtreibung innerhalb von 22 Wochen nach der Empfängnis vorgenommen
worden ist. Das Vorliegen einer Indikation ist nicht erforderlich! Unter diesen minimalen Voraussetzungen kann die
Frau straflos ein fast lebensfähiges ungeborenes Kind töten
lassen, ohne daß für die Straflosigkeit ein verfassungsrechtlich anerkennenswerter Grund vorliegt (der Arzt bleibt in
diesem Fall gem. § 218 oder § 219 StGB strafbar; § 218 Abs.
3 Satz 2 ist vor allem auch in Hinblick auf Auslandsabtreibungen von Bedeutung, siehe Punkt 22). Keine andere Teil-
regelung des Abtreibungsstrafrechts stößt im rechtswissen-
schaftlichen Schrifttum so einhellig auf verfassungsrechtliche Bedenken, wie Paragraph 218 Abs. 3 Satz 2 StGB. Er
wurde von Juristen zu Recht als eine „verkappte Fristenlösung" und als „ideologisch motivierter Verfassungsbruch"
bezeichnet.
Die Straflosigkeit einer Tötungshandlung – wie sie jede
Abtreibung darstellt – ist nach der Rechtsprechung des
BVerfG nur dann vertretbar, wenn besondere Umstände (die
sogenannten „Indikationen") es als nicht zumutbar erscheinen lassen, mit den Mitteln des Strafrechts die Austragung
der Schwangerschaft zu erzwingen. Dies wurde vom Ge-

setzgeber aber nicht zur Voraussetzung für die Straflosigkeit nach Paragraph 218 Abs. 3 Satz 2 StGB gemacht. Dieser Verfassungsverstoß bringt auch die Mitarbeiter von anerkannten Schwangerenberatungsstellen in eine schwierige Situation, weil schon die Beratung allein das Leben des Kindes unmittelbar der freien Verfügungsgewalt der Frau ausliefern kann. Der Berater kann es wegen der verfassungswidrigen Gesetzeslage nicht verhindern, daß als Folge seiner Beratungstätigkeit auch dann Straflosigkeit eintritt, wenn für das Entfallen der Strafsanktion keine verfassungsrechtlich vertretbaren Gründe vorliegen.

Zum Inhalt der Beratungsregelung siehe Punkt 31.   (le)

„Indizierte Abtreibungen sind legal"   (29)

„Abtreibungen sind kein Unrecht. Wenn man das Genehmigungsverfahren durchlaufen hat, darf man abtreiben. Der Gesetzgeber hat Schwangerschaftsabbrüche – unter bestimmten Voraussetzungen – offiziell legalisiert."

Auch Abtreibungen, die nicht bestraft werden, sind rechtswidrig

Auch nach der geltenden Gesetzesfassung sind Abtreibungen, die aufgrund einer „Indikation" erfolgen, Unrecht. Das Gesetz wird aber häufig mißverstanden bzw. ohne Berücksichtigung verfassungsrechtlicher Vorgaben interpretiert.

● **Kein „Genehmigungsverfahren"**
Zum besseren Verständnis der gesetzlichen Strafvorschriften der Paragraphen 218 ff. StGB ist die Übersicht im Dokumentationsteil (S. 132) hilfreich.

Das Strafgesetzbuch enthält mehrere Paragraphen, die den Schutz des ungeborenen Kindes betreffen und Abtreibungen

64

unter Strafe stellen (§§ 218, 218 b, 219 StGB). Zu jeder dieser einzelnen Strafbestimmungen gibt es aber Ausnahmen. Wenn die Voraussetzungen einer Ausnahmebestimmung vorliegen, führt dies zur Straflosigkeit nach dem Grundtatbestand. Paragraph 218 Abs. 3 Satz 2 führt zur Straflosigkeit der Frau in Bezug auf die Strafbarkeit nach Paragraph 218; Paragraph 218 a führt zur Straflosigkeit für alle Beteiligten in Bezug auf die Strafbarkeit nach Paragraph 218; in den Paragraphen 218 b und 219 sind die jeweiligen Straflosigkeitsvoraussetzungen für den Arzt im ersten Absatz genannt; die Frau ist nicht nach den Paragraphen 218 b, 219 strafbar.

In der Praxis werden die einzelnen Ausnahmen jedoch zusammen als eine Art „Genehmigungsverfahren" für Abtreibungen verstanden: „Wer bei einer Beratungsstelle war und von einem Arzt eine Indikationsbescheinigung bekommen hat, darf abtreiben", lautet eine weitverbreitete Vorstellung. Dieses Verständnis der Ausnahmeregelungen würde bedeuten, daß am Ende des „Verfahrens" eine „Berechtigung" zur Abtreibung gegeben wäre. Ein solches „Recht zum Töten" ist aber mit dem Grundgesetz, insbesondere dem Recht des ungeborenen Kindes auf Leben gemäß Art. 2 Abs. 2 Satz 1 Grundgesetz nicht vereinbar. Das Lebensrecht des ungeborenen Kindes hat Vorrang vor dem Selbstbestimmungsrecht der abtreibungswilligen Frau. Nur wenn das Leben der Mutter gefährdet ist, wäre dem ungeborenen Kind nicht eindeutig der Vorrang einzuräumen. Wer das Strafgesetz genau liest, wird auch feststellen, daß darin kein „Genehmigungsverfahren" zu finden ist. In den Paragraphen des Strafgesetzbuches steht, daß Abtreibungen *strafbar sind*, und daß sie in einigen Fällen ausnahmsweise *nicht bestraft* werden. Daß Abtreibungen „genehmigt" oder für „rechtmäßig" oder „zulässig" erklärt werden könnten, ergibt sich aus dem Gesetz nicht.

● **Keine Rechtfertigung für „indizierte" Abtreibungen**
Bezüglich der Indikationen des Paragraph 218 a StGB wird behauptet, daß sie nicht nur zur Straflosigkeit führen (das ist unbestritten), sondern daß sie „Rechtfertigungsgründe"

seien. Eine Abtreibung, die auf einem Rechtfertigungsgrund beruht, wäre kein Unrecht mehr, obwohl nach wie vor der Tatbestand des Schwangerschaftsabbruchs im Sinne von Paragraph 218 StGB verwirklicht würde, sondern *rechtmäßiges Handeln.*

Schon aus dem Wortlaut des Paragraph 218 a StGB ergibt sich nur, daß der Schwangerschaftsabbruch bei Vorliegen einer Indikation „nicht strafbar" ist. Von einem „Recht auf Abtreibung" oder einer „Rechtfertigung" ist keine Rede. Die Vertreter der „Rechtfertigungsthese" meinen aber, die Indikationen als „Rechtfertigungsgründe" interpretieren zu können, „weil der Gesetzgeber die Indikationen als Rechtfertigungsgründe ausgestalten wollte". Nach dem „Willen des Gesetzgebers" seien Abtreibungen, denen eine Indikation zugrunde liege, „rechtmäßig".

Rechtmäßig ist ein Verhalten, das im Einklang mit der Rechtsordnung steht und insbesondere keine Verbotsnormen mißachtet. Rechtswidrig ist grundsätzlich jedes Verhalten, das gegen eine strafrechtliche Verbotsnorm verstößt. Diese Rechtswidrigkeit kann aber aufgehoben sein, wenn ein „Rechtfertigungsgrund" eingreift, also der Eingriff in die Rechtsposition eines anderen ausnahmsweise zugelassen wird. In unserer Rechtsordnung ist das der Fall, wenn unberechtigte Angriffe abzuwehren sind (§ 32 StGB – Notwehr –) oder wenn ein überwiegendes Interesse auf dem Spiel steht (§ 34 StGB – rechtfertigender Notstand –). Die Grundsätze von Notwehr und rechtfertigendem Notstand sind allgemein anerkannt und werden dem vorkonstitutionellen Recht zugerechnet.

Notwehr liegt bei Abtreibungen nicht vor, da das ungeborene Kind keinen „rechtswidrigen Angriff" (§ 32 StGB) gegen die Mutter führt, auch dann nicht, wenn seine Zeugung – etwa im Fall der Vergewaltigung – auf einem Angriff beruht. Dem unschuldigen Kind kann das Fehlverhalten seines Erzeugers nicht zugerechnet werden. Ein rechtfertigender Notstand (§ 34 StGB) käme in Betracht, wenn man das Selbstbestimmungsrecht, die Gesundheit oder das Leben der

Mutter höher bewerten würde als das Leben des Kindes. Da aber allen Menschen die gleiche Würde und das gleiche Lebensrecht zukommt, ist eine solche Bewertung durch die Verfassung verboten. Auch der Gesetzgeber kann dies auf einfachgesetzlicher Ebene nicht anders regeln, da er an die Verfassung gebunden ist. Nach dem Grundsatz der „verfassungskonformen Auslegung" dürfte man die Indikationen des Paragraph 218 a StGB also auch dann nicht als „Rechtfertigungsgründe" interpretieren, wenn der Gesetzgeber tatsächlich Rechtfertigungsgründe schaffen wollte.

Da die Indikationen somit keine Rechtfertigungsgründe sind, können sie nicht als eine „Erlaubnis" oder „Genehmigung" der Tötung des ungeborenen Kindes aufgefaßt werden. Durch die Indikationen sind Abtreibungen demnach nicht „legalisiert" worden. Sie sind weiterhin illegal ("nicht gesetzesgemäß"), da sie gegen ein Gesetz verstoßen, in dem das Recht auf Leben verbürgt ist, – nämlich das Grundgesetz.

Der Staat hat in den gesetzlich umschriebenen Indikationsfällen – wenn sie tatsächlich vorliegen! – lediglich darauf verzichtet, auf die nach wie vor rechtswidrigen Verstöße gegen das Lebensrecht des ungeborenen Kindes mit dem Mittel der Kriminalstrafe zu reagieren. Man kann die Indikationen als „Schuld–" oder „Strafausschließungsgründe" auffassen. (be/kl)

„Indikationen sind nicht zu beanstanden"
(30)

„Abtreibungen dürfen nur in bestimmten Ausnahmefällen durchgeführt werden. Die im Gesetz genannten Fallgruppen sind nicht zu beanstanden."

Indikationen zu weit gefaßt

Das Bundesverfassungsgericht hat in seinem Urteil zur „Fristenlösung" bestätigt, daß der Einsatz des Strafrechts zum Schutz der ungeborenen Kinder grundsätzlich geboten ist. Es hat dem Gesetzgeber aber freigestellt, die Strafdrohung zurückzunehmen, wenn es unzumutbar erscheint, die Austragung der Schwangerchaft mit den Mitteln des Strafrechts zu erzwingen (BVerfGE, S. 48 ff.). Gleichwohl bleiben auch Abtreibungen, die aufgrund einer Indikation vorgenommen werden, rechtswidrig (siehe Punkt 29). Sie sind verboten und dürfen nicht durchgeführt werden, bleiben aber straflos, wenn das Verbot im Einzelfall mißachtet wurde und die Voraussetzungen für eine der Indikationen des Paragraph 218 a StGB vorliegen.

Das BVerfG hat eine Rücknahme der Strafdrohung primär dann für zulässig gehalten, wenn die Abtreibung erforderlich ist, um von der Schwangeren „eine Gefahr für ihr Leben oder die Gefahr einer schwerwiegenden Beeinträchtigung ihres Gesundheitszustandes abzuwenden". Insoweit käme nach verbreiteter Auffassung eventuell auch eine „Rechtfertigung" in Betracht. Ferner ist nach Ansicht des BVerfG die Schaffung von Indikationen möglich, wenn „andere außergewöhnliche Belastungen" vorliegen, die „ähnlich schwer wiegen" (sogenannte „Kongruenz"; BVerfGE, S. 49).

Die vom Gesetzgeber daraufhin geschaffenen „Indikationen" zum Schwangerschaftsabbruch erfüllen aber die verfassungsrechtlichen Voraussetzungen für die Schaffung von Straffreistellungsgründen nicht, da sie teilweise sehr unscharf und unverhältnismäßig weit formuliert sind.

● Bei der **medizinischen Indikation** (§ 218 Abs. 1 Nr. 2 StGB) sollen nicht nur schwerwiegende Gefahren für die körperliche Gesundheit und das Leben der Schwangeren berücksichtigt werden, sondern auch der „seelische Gesundheitszustand" und die „gegenwärtigen und zukünftigen

Lebensverhältnisse". Damit könnten praktisch alle Fälle der anderen Indikationen (einschließlich der „Notlagenindikation") auch mit der „medizinischen Indikation" begründet werden! Sie wird deshalb auch häufig als „allgemein-medizinische" oder „sozial–medizinische" Indikation bezeichnet.

● Gegen die **eugenische Indikation** ("embryopathische", „genetische" oder „kindliche Indikation"; § 218 a Abs. 2 Nr. 1 StGB) ist neben grundsätzlichen Bedenken (Abwertung bzw. „Unzumutbarkeit" behinderten Lebens) einzuwenden, daß der Grad der „nicht behebbaren Schädigung des Gesundheitszustandes" beim Ungeborenen offen bleibt. So werden in der Fachliteratur Schadens*wahrscheinlichkeiten* zwischen sechs und einundfünfzig Prozent als ausreichend angesehen. Es ist deshalb keineswegs ausgeschlossen, daß mit der Begründung, es könne ein nicht behebbarer Gesundheitsschaden vorliegen, mehr gesunde als tatsächlich geschädigte Kinder abgetrieben werden.

● Bei der **kriminologischen Indikation** (auch „ethische" Indikation genannt; § 218 a Abs. 2 Nr. 2 StGB) setzt die Straflosstellung voraus, daß die Schwangerschaft auf einer rechtswidrigen Sexualstraftat nach den Paragraphen 176 bis 179 StGB, z.B. einer Vergewaltigung, beruht. Inwieweit der Arzt die Angabe eines solchen Sachverhalts überprüfen muß, ist nicht geregelt. In den ersten vierzehn Tagen nach der Tat läge schon tatbestandsmäßig keine Abtreibung vor (wegen § 219 d StGB), danach dürfte die „ärztliche" Erkenntnis zur Beurteilung der Frage, ob die Schwangerschaft auf einer Sexualstraftat beruht, nicht mehr viel nützen. Der Arzt hat als Entscheidungsgrundlage häufig nur die Darstellung der Schwangeren. Eine ernsthafte Überprüfungsmöglichkeit besteht nicht.

● Am heftigsten umstritten ist die sogenannte **„Notlagenindikation"** (auch „soziale Indikation" genannt; § 218 a Abs. 2 Nr. 3 StGB). Sie ist mit über 88 Prozent (1989) die „Standardindikation" für Abtreibungen (siehe Dokumentation I.). Im Gesetz ist sie nicht näher definiert. Eine nach

Entstehungsgrund und Schwere mit der medizinischen Indikation vergleichbare Konfliktlage wird im Gesetz nicht gefordert. Es bleibt der Praxis überlassen, was als „unzumutbar" gewertet wird: finanzielle Probleme, Partnerschaftskonflikte, nicht abgeschlossene Berufsausbildung, Studium, geistige Unreife, fehlender Kinderwunsch u.ä. Das Lebensrecht des ungeborenen Kindes wird in der Praxis weitgehend dem Anspruch auf freie Lebensgestaltung der Eltern untergeordnet. Manche „Ärzte" gehen noch weiter. Ein Abtreiber sagte 1988 in einer Fernsehsendung über Kollegen: „Es gibt auch Ärzte, die nicht ganz unberechtigterweise sagen, eine ungewollte Schwangerschaft ist per se eine so schwere Notlage, daß sie nicht anders als durch einen Abbruch abzuwenden ist". Frage der Journalistin: „Wo sind denn da ihre Grenzen durch die Rechtslage?" Antwort des Abtreibers: „Da gibt's keine Grenzen. Das ist total unbestimmt und offen dieses Gesetz." (be/le)

„*Beratungsverfahren schützt Leben*" (31)

„*Durch die Rücknahme der Strafdrohung und die Einführung einer verpflichtenden Beratung sind die Chancen für eine positive Bewältigung des Schwangerschaftskonflikts erhöht worden.*"

Ausgestaltung der Beratung unzureichend

Paragraph 218 b StGB enthält die Vorschriften über die Beratung der Schwangeren. Sie sind maßgeblich für die Straflosigkeit der Frau nach Paragraph 218 StGB (siehe Punkt 28) und führen zur Straflosigkeit des Arztes nach Paragraph 218 b StGB. Die Beratungsbestimmungen haben gravierende Mängel.

Bezüglich der sogenannten **„Sozialberatung"** (§ 218 b Abs. 1 Nr. 1 StGB) wird als einzige inhaltliche Voraussetzung gefordert, daß die Schwangere „über die zur Verfügung stehenden öffentlichen und privaten Hilfen für

Schwangere, Mütter und Kinder beraten worden ist, insbesondere über solche Hilfen, die die Fortsetzung der Schwangerschaft und die Lage von Mutter und Kind erleichtern". Die Beratungsstellen sind somit nicht verpflichtet, auf die Fortsetzung der Schwangerschaft hinzuwirken und für das Leben zu beraten. Bei wörtlicher Auslegung ist dem Gesetz schon genüge getan, wenn entsprechende Hilfen lediglich genannt werden. Ob in der Beratung das Ziel verfolgt wird, das Leben des ungeborenen Kindes zu retten, hängt allein von der persönlichen Einstellung des Beraters ab. Zwar wird man der Entscheidung des BVerfG zur „Fristenlösung" entnehmen können, daß die Beratung nur dann verfassungskonform ist, wenn die Rettung des Kindes angestrebt wird (vgl. BVerfGE S.50, 61, 62, 63). Eine Verpflichtung hierzu hätte aber auch ins einfache Gesetz aufgenommen werden müssen.

Als „Sozialberater" können u.a. auch Ärzte tätig werden, die sich über die zur Verfügung stehenden Hilfen „auf geeignete Weise unterrichtet haben" (§ 218 b Abs. 2 Nr. 2 c StGB). Inwieweit diese Kenntnisse und die allgemeine ärztliche Ausbildung ausreichen, um durch eingehende Beratung zur Bewältigung der Konfliktsituation beitragen zu können, ist sehr zu bezweifeln.

Weiterhin ist eine **ärztliche Beratung** über die „medizinisch bedeutsamen Gesichtspunkte" vorgeschrieben (§ 218 b Abs. 1 Nr. 2 StGB). Inhaltliche Vorgaben hierfür gibt es nicht. Es ist insbesondere sehr fraglich, ob in nennenswertem Umfang über die körperlichen und psychischen Risiken der Abtreibung (siehe Punkt 19) und die Tatsache aufgeklärt wird, daß ein ungeborenes Kind getötet wird.

Weitere Mängel der gesetzlichen Regelung sind:
● Zwischen Beratung und Indikationsfeststellung ist *keine personelle Trennung* vorgeschrieben. Sozialberatung, ärztliche Beratung und Indikationsfeststellung können von ein und derselben Person durchgeführt werden. Ferner können ärztlicher Berater und Abbrucharzt identisch sein. Bei diesen

Konstellationen können Interessenkonflikte entstehen, die einer umfassenden und lebensbejahenden Beratung entgegenstehen – zumal es gewerbsmäßige Abtreiber gibt, die handfeste finanzielle Interessen haben.

● Beratung, Indikationsfeststellung und Abtreibung müssen auch *nicht räumlich getrennt* durchgeführt werden. So hat die Organisation „Pro Familia" mehrere „Familienplanungszentren" eingerichtet, in denen „alles unter einem Dach" stattfindet. Das Angebot dieser „Serviceleistung" erleichtert vorgeburtliche Kindestötungen erheblich und läßt eventuell noch vorhandene Widerstände und ambivalente Haltungen der Frau in den Hintergrund treten. Insbesondere wird ein möglicher positiver Beratungseffekt verhindert, wenn unmittelbar nach der Beratung die Indikationsfeststellung erfolgt. Mit dem vermeintlichen „Berechtigungsschein" in der Tasche verlieren die Gesichtspunkte, die aus Sicht der Frau möglicherweise gegen die Abtreibung sprechen, an Bedeutung. Vor allem wird der Unrechtscharakter der Abtreibung aus dem Bewußtsein verdrängt, wenn gleich nach der Beratung eine Bescheinigung ausgehändigt wird, in der bestätigt wird, daß „nach ärztlicher Erkenntnis" die Abtreibung „angezeigt ist" (§ 218 a StGB).

Hinzu kommt, daß manche Organisationen, die „anerkannte" Beratungsstellen betreiben, diese wichtige Straflosigkeitsvoraussetzung für die Frau (siehe Punkt 28) als „Zwangsberatung" diffamieren und ablehnen. „Pro Familia" tritt sogar für eine völlige Freigabe der Abtreibung ein. Weithin wird zudem von einem falschen Beratungsverständnis ausgegangen. Wenn auch im Gesetz keine weiteren Vorgaben gemacht werden, so ergibt sich doch aus dem Zweck des Paragraph 218 b StGB und dem Urteil des BVerfG (siehe oben), daß er dem Schutz des ungeborenen Kindes dienen soll. Dagegen wird von vielen Beratern eine „wertneutrale" Beratung praktiziert, die lediglich eine „Entscheidungshilfe" sein soll, ohne ein bestimmtes Ziel zu verfolgen. Untersuchungen haben gezeigt, daß deshalb ein sehr großer Teil der Frauen die Beratung – so wie sie gegenwärtig existiert – nur als eine „Formalie" ansieht und bereits vorher den Entschluß zur Abtreibung gefaßt hat, der durch die Beratung kaum noch beeinflußt werden kann.

Wenn man die Mängel des Gesetzes und die Struktur des gegenwärtigen Beratungssystems ("pluralistisches Beratungsangebot") zusammennimmt, kann der „Schutzcharakter" der Beratung nur als sehr gering angesehen werden. Er hängt weitgehend davon ab, ob einzelne Berater oder Beraterinnen aus persönlicher Überzeugung intensiv auf die Austragung der Schwangerschaft hinarbeiten, wie dies hauptsächlich bei kirchlich getragenen Beratungsstellen der Fall sein dürfte. (be)

„Verfahren stellt Richtigkeit der Indikationen sicher" (32)

„Durch das Indikationsfeststellungsverfahren ist sichergestellt, daß nur dann ein Schwangerschaftsabbruch durchgeführt wird, wenn er auch wirklich notwendig ist."

Vorschriften über Indikationsfeststellung sind unzureichend

Der Gesetzgeber setzt bei allen Indikationsfeststellungen auf die „ärztliche Erkenntnis". Diese reicht bei der kriminologischen Indikation (siehe oben Nr. 30) und bei der Notlagenindikation in aller Regel nicht aus. Der Arzt hat weder kriminalistische Erfahrung noch die nötige Ausbildung für die Beurteilung sozialrechtlicher Sachverhalte. Vor allem aber besteht praktisch keine Möglichkeit, die Richtigkeit der von der Schwangeren gemachten Angaben zu überprüfen. Häufig dürfte der Arzt schon rein zeitlich nicht in der Lage sein, eingehend alle Umstände des Einzelfalles zu erfragen und mit der Frau zu erörtern, geschweige denn individuelle Bedürftigkeitsermittlungen durchzuführen oder bestehende Hilfsangebote zu vermitteln. Von letzterem hängt entscheidend die Beurteilung der Frage ab, ob eine bestehende Notlage nicht auf andere Weise abgewendet werden kann, was Voraussetzung für die Zuerkennung der Notlagenindikation gemäß Paragraph 218 a Abs. 2 Nr. 3 StGB ist.

Nach dem Gesetz kann jeder beliebige Arzt eine Indikationsfeststellung im Sinne von Paragraph 219 StGB durchführen. Es muß sich also nicht um einen Gynäkologen oder einen anderen Facharzt handeln. Viele Gynäkologen stellen nie oder nur selten Indikationsbescheinigungen aus. Die Bescheinigungspraxis konzentriert sich im wesentlichen auf einen überschaubaren Kreis von Ärzten, die sehr häufig mit bestimmten Beratungsorganisationen und Abtreibungskliniken in Verbindung stehen bzw. mit diesen konkret zusammenarbeiten. Viele von ihnen erkennen weder den Vorrang des Lebensrechts des ungeborenen Kindes vor dem Anspruch der Frau auf freie Selbstbestimmung an, noch die Gleichwertigkeit ungeborenen und geborenen Lebens. Beides sind Grundsätze des Bundesverfassungsgerichtsurteils zur „Fristenlösung" und selbstverständliche Voraussetzungen dafür, daß das Vorliegen einer Indikation verfassungskonform beurteilt werden kann. Indikationsbescheinungen werden auch von Ärzten erteilt, die eine ersatzlose Streichung des strafrechtlichen Lebenschutzes für Ungeborene fordern oder die jede unerwünschte Schwangerschaft per se als eine „Notlage" ansehen, die „nur durch eine Abtreibung abgewendet werden kann" (siehe Punkt 30).

Aber selbst wenn ein gewissenhafter und kompetenter Arzt die Indikationsfeststellung durchführen sollte und er nach eingehender Prüfung zu dem Ergebnis kommt, daß *keine* Indikation vorliegt, hindert dies die Frau nicht, mit dieser Bescheinigung (daß keine Indikation vorliegt!) zu einem abtreibungsbereiten Arzt zu gehen und die Abtreibung durchführen zu lassen. Denn an die Feststellungen in der „Indikationsbescheinigung" ist der abbrechende Arzt nicht gebunden. Diese Interpretation des Gesetzes, die in der juristischen Literatur einhellige Auffassung ist, ergibt sich zum einen aus dem Wortlaut (der Arzt muß nur Feststellungen darüber treffen, „ob" eine Indikation vorliegt, nicht „daß" eine Indikation vorliegt), zum anderen aus der Begründung der Vorschrift im Gesetzgebungsverfahren. Die Indikationsfeststellung nach Paragraph 219 StGB hat den Charakter einer unverbindlichen Begutachtung, die der eigenen und letztverantwortlichen Entscheidungsfindung des abbrechenden Arztes dienen soll. Das Gesetz verlangt allerdings nicht einmal eine Begründung des Feststellungsergebnisses.

Das Ausstellen von falschen Indikationsbescheinigungen ist in Paragraph 219 a StGB unter Strafe gestellt. Praktische Bedeutung kommt dieser Vorschrift allerdings schon deshalb nicht zu, weil der Arzt, der eine Indikationsbescheinigung ausstellt, wegen ihrer Unverbindlichkeit kaum einen Grund für falsche Angaben haben dürfte. Häufig wird aber dennoch in Indikationsbescheinigungen das Vorliegen einer Indikation bestätigt, obwohl dies sachlich nicht gerechtfertigt ist. Da die Strafdrohung des Paragraph 219 StGB nur dann greift, wenn der Arzt „wider besseres Wissen" gehandelt hat, ist auch in diesen Fällen der praktische Nutzen des Gesetzes gleich Null. Ein Handeln „wider besseres Wissen" kann so gut wie nie nachgewiesen werden.

Insgesamt muß festgestellt werden, daß die Vorschriften über das Ausstellen von Indikationsbescheinigungen völlig unzureichend sind. Dies hat dazu geführt, daß das „Indikationsfeststellungsverfahren" willkürlich gehandhabt wird und keinen echten Schutzeffekt für das ungeborene Kind entfaltet. (be/le)

„Indikationsfeststellung den Ärzten vorbehalten" (33)

„Der Gesetzgeber hat entschieden, daß die Feststellung einer Indikation nach „ärztlicher Erkenntnis" zu erfolgen hat, also den Ärzten vorbehalten ist. Eine Überprüfung der Indikationen durch Gerichte und Strafverfolgungsbehörden stellt deshalb einen Eingriff in die fachliche Zuständigkeit des Arztes dar."

Gerichtliche Überprüfung möglich und nötig

In den Fällen der Notlagenindikation und der kriminologischen Indikation (siehe Punkt 29), aber auch bei den anderen Indikationen (in Hinblick auf die Möglichkeit einer zumutbaren anderweitigen Lösung des Konflikts) ist die „fachliche Kompetenz" des Arztes zur Feststellung der Indikationsvoraussetzungen und zur Ausstellung einer entsprechenden Bescheinigung sehr zweifelhaft. Sie muß deshalb in besonderem Maße, wie jede andere ärztliche Entscheidung auch (z.B. in Arzthaftungsprozessen), der gerichtlichen Kontrolle unterliegen. Soweit es zur Klärung des Sachverhalts notwendig ist, können gegebenenfalls medizinische oder andere Sachverständige zu Rate gezogen werden.

Der Gesetzgeber ist auch selbst von einer gerichtlichen Überprüfbarkeit der Indikationen ausgegangen. Das ergibt sich zum einen aus den Gesetzesmaterialien und zum anderen aus der Bestimmung des Paragraph 219 a StGB. Es wäre sonst nämlich nicht möglich, die Richtigkeit oder Unrichtigkeit einer Indikationsbescheinigung im Sinne von Paragraph 219 a StGB festzustellen (zur praktischen Bedeutungslosigkeit von § 219 a StGB vgl. Punkt 32).

Die Indikationen müssen auch deshalb gerichtlich überprüft werden können, weil eine „Nicht–Überprüfbarkeit" zu unhaltbaren Konsequenzen führen würde. Das Leben des ungeborenen Kindes stünde dann zur freien Disposition der Frau, die sich lediglich einen willfährigen Arzt suchen müßte, der ihre Abtreibungsentscheidung „respektiert" und die gewünschte Indikation für gegeben hält (auf den Inhalt der mitgebrachten Indikationsbescheinigung eines anderen Arztes kommt es ohnehin nicht an, siehe Nr. 32). Durch eine kleine Uminterpretation der Strafvorschriften wäre dann die – verfassungswidrige – „Fristenlösung" Wirklichkeit geworden, ohne einen Buchstaben des Gesetzes zu verändern. Denn die Mitwirkung des Abtreibers und eine Beratungspflicht sah auch die vom BVerfG aufgehobene „Fristenlösung" vor. (be)

„Unzumutbarer Hürdenlauf"   (34)

„Das ganze Verfahren, das eine Frau durchlaufen muß, bis sie die Genehmigung zur Durchführung des Schwangerschaftsabbruchs erreicht hat, ist ein erniedrigender Hürdenlauf, der niemandem zuzumuten ist."

Verfahrensanforderungen gerechtfertigt

Ein Verfahren, das eine Frau durchlaufen *muß*, gibt es nicht. Da Abtreibungen verboten sind und auch nicht im Beratungs– oder Indikationsfeststellungsverfahren „genehmigt" werden können (siehe Punkt 29), ist niemand gezwungen, einen „Hürdenlauf" durchzumachen. Wer sich aber schon vor einer Abtreibung alle im Gesetz genannten Möglichkeiten für Straflosigkeit sichern will, muß folgende Voraussetzungen erfüllen:

● Für die Straflosigkeit **der Frau** ist lediglich

– die soziale und ärztliche Beratung erforderlich, Abtreibung durch einen Arzt und Einhaltung der 22–Wochen–Frist (§ 218 Abs. 3 Satz 2 StGB)

oder

– das materielle Vorliegen einer Indikation und die Einhaltung der entsprechenden Frist (§ 218 a StGB).

● Falls **auch der Arzt**, der die Abtreibung vornimmt, straflos sein soll, ist neben der Beratung (Sozialberatung und ärztliche Beratung) noch eine Indikationsbescheinigung eines anderen Arztes erforderlich. Im Zeitpunkt der Abtreibung müßte dann materiell eine Indikation vorliegen, die Bedenkzeit zwischen Beratung und Abbruch von drei Tagen müßte eingehalten und die jeweilige Frist (je nach Indikation) dürfte nicht überschritten worden sein.

Das heißt konkret: wenn **alle Beteiligten** straflos sein sollen, muß die Frau in der Regel nur zwei Stellen vor dem Abbruch aufsuchen (Sozialberatung und Indikationsarzt, wobei die ärztliche Beratung von einem der Ärzte – Indikationsarzt oder Abtreibungsarzt – miterledigt wird), im „günstigsten" Fall nur eine Stelle (einen als Berater anerkannten Arzt, der die Sozialberatung, die ärztliche Beratung und die Indikationsfeststellung vornimmt).

Daß sich diese eher geringen „Hürden" in der Praxis nicht immer mit Leichtigkeit überwinden lassen, liegt daran, daß viele Ärzte berechtigterweise grundsätzliche ethische Vorbehalte gegenüber Abtreibungen haben oder zumindest nicht viel mit Abtreibungen zu tun haben wollen. So kann es durchaus vorkommen, daß erst der zweite oder dritte angegangene Arzt sich bereitfindet, die gewünschte Indikation festzustellen. Zwar würde auch eine Indikationsbescheinigung ausreichen, die das Vorliegen der Indikation verneint (siehe Punkt 32). Viele Abtreiber bestehen aber in Unkenntnis der Rechtslage – oder auch zur eigenen Gewissensberuhigung – auf „positiven" Indikationsbescheinigungen.

Aus der Sicht des ungeborenen Kindes stellt sich der „Hürdenlauf" angesichts der zahllosen Mängel der gesetzlichen Vorschriften (siehe Punkt 25 ff.) allerdings als „Fahrplan in den Tod" (Prof. Willi Geiger, ehem. Richter am BVerfG) dar. Wer die „richtigen" Beratungsorganisationen aufsucht, wird auch an die „richtigen" Adressen weitervermittelt, bis alle formellen Straflosigkeitsvoraussetzungen erfüllt sind.

Die Aufregung über „unzumutbare Hürden" wäre nur dann berechtigt, wenn es sich um im Grunde überflüssige Schikanen handeln würde, denen es an einer inneren Rechtfertigung fehlte. Das Recht auf Leben der ungeborenen Kinder ist aber eine hinreichende Rechtfertigungsgrundlage für Schutzmaßnahmen. Es würde auch den durchgängigen Einsatz des Strafrechts zur Ahndung von Abtreibungen legitimieren (BVerfGE S. 46). Die Zubilligung von Straflosigkeit für die Tötung eines ungeborenen Menschen kann nur unter sehr eingeschränkten (bislang nicht im Gesetz verwirklichten) Bedingungen rechtsstaatlich ermöglicht werden. Dies ist notwendigerweise damit verbunden, daß Anforderungen erfüllt werden müssen, die dem wohlverstandenen

Interesse von Mutter und Kind dienen, aber den Interessen einer zur Abtreibung entschlossenen Schwangeren entgegenstehen. (be)

„Verbote nützen nichts" (35)

„Mit Verboten und Strafgesetzen kann man keine Abtreibung verhindern. Man muß vielmehr auf das Bewußtsein der Menschen einwirken."

Bewußtseinsbildende Kraft des Rechts

Die Anstrengungen zum Schutz des ungeborenen Kindes dürfen nicht auf bestimmte Teilbereiche, etwa soziale Hilfen oder Aufklärungsarbeit, beschränkt werden, sondern es müssen alle Möglichkeiten des Schutzes genutzt werden. Das Strafrecht hat – neben der konkreten Abschreckungsfunktion gegenüber denen, die sich durch die anderen Maßnahmen nicht überzeugen lassen – auch eine allgemeine bewußtseinsbildende normative Wirkung: die Kennzeichnung von Recht und Unrecht in einer weitgehend säkularisierten Gesellschaft. Diese ist auch von den Abtreibungsbefürwortern auf anderen Gebieten anerkannt. Im Fall der „Vergewaltigung in der Ehe" soll sogar ein neuer Straftatbestand eingeführt werden, um ein entsprechendes Unrechtsbewußtsein zu schaffen bzw. zu verstärken. Wer dieses Argument aber nur dann gelten lassen will, wenn es der eigenen gesellschaftspolitischen Zielsetzung entspricht, macht sich unglaubwürdig.

Gerade vor dem Hintergrund der Entwicklung nach der „Reform" des Abtreibungsstrafrechts wäre es unsinnig, nur das Bewußtsein ändern zu wollen aber nicht das Gesetz, welches gerade zu diesem Bewußtsein geführt hat. Die frühere, durchaus reformbedürftige Fassung des Paragraph 218 StGB ließ niemanden im Unklaren darüber, daß bei einer

Abtreibung ein Menschenkind das Opfer rechtswidriger Gewalt wird. Das ist heute anders. Die noch vorhandene grundsätzliche Strafbarkeit der Abtreibung wird nicht mehr erkannt, da die gesetzlichen Vorschriften sehr kompliziert sind (über mehrere Paragraphen verteilt; siehe Punkt 25 ff.), sie deshalb sehr häufig falsch dargestellt werden und so viele Ausnahmen vorhanden sind, daß der Eindruck grundsätzlicher „Erlaubtheit" entsteht. In der Praxis ist weitgehend die „Abtreibung auf Wunsch" Realität geworden. Die Strafrechtsbestimmungen werden nur noch als einige formale Hürden verstanden, die es im Vorfeld eines ansonsten aber „zulässigen" Schwangerschaftsabbruchs zu überwinden gilt (siehe auch Punkt 29). Somit sind Hemmschwellen gegen Abtreibungen abgebaut, Frauen dem verstärkten Druck verantwortungsloser Männer ausgeliefert und mit Unterstützung der Medien Abtreibungen als „erlaubtes" (letztes) Mittel einer mißglückten Familienplanung propagiert worden.

Wer jeglichen Einfluß von Gesetzen auf das Verhalten von Frauen in Schwangerschaftskonflikten bestreitet, spricht den Frauen offenbar jedes Rechtsbewußtsein und die Bereitschaft zu rechtstreuem Verhalten ab. Konkrete Erfahrungen zeigen aber, daß Frauen nach einer Aufklärung über die Scheinlegalität der Abtreibung ihre Meinung überdenken und nicht selten von der vorgeburtlichen Tötung ihres Kindes Abstand nehmen.

In allen Ländern, in denen die Abtreibung „liberalisiert" worden ist, sind die Abtreibungszahlen angestiegen, weil das Bewußtsein von der Schutzwürdigkeit des ungeborenen Kindes dadurch negativ beeinflußt wurde.   (be)

„Helfen statt strafen"   (36)

„Nur wenn man mehr soziale Hilfen vergibt, können Abtreibungen vermieden werden. Helfen statt strafen!"

Helfen statt töten

Mit dem Slogan „Helfen statt strafen" soll suggeriert werden, daß die Abtreibungsgegner schwangeren Frauen in Not die Hilfe verweigern wollten und es ihnen besonders auf eine Bestrafung möglichst vieler Frauen ankäme. Das ist falsch. Die Verfechter des Lebensschutzes wollen helfen und bieten ihre Hilfe in zahlreichen Organisationen und Initiativen an. Sie wollen auch nicht, daß Frauen bestraft werden, die in Not geraten sind und keinen Ausweg mehr wissen. Das Strafrecht kennt diesbezüglich viele Privilegierungen für die Frau. Ohne vom objektiven Unrechtscharakter jeder Abtreibung abzugehen, wird dies auch bei eventuellen zukünftigen Änderungen so bleiben. Sinn und Zweck des Strafrechts ist nicht eine möglichst ausufernde Strafverfolgungstätigkeit, sondern die Verhinderung von Unrecht. Deshalb heißt das Motto des Lebensschutzes: *Helfen statt töten!*
Der Schutz des Strafrechts steht nicht nur in keinem Widerspruch zu den Hilfen für schwangere Frauen, sondern er kann auch selbst eine Hilfe sein. In vielen Fällen geht die Initiative für eine Abtreibung nämlich nicht von der Frau, sondern vom Vater des Kindes oder dem sozialen Umfeld aus. Hierdurch kann nicht nur ein lebensfeindliches Klima, sondern auch massiver Druck, ja sogar ein regelrechter Zwang zur Abtreibung entstehen. Diese negative Einflußnahme auf die werdende Mutter ist leichter möglich, wenn kein Abtreibungsverbot besteht. Dagegen kann sich eine Frau besser derartigen Beeinflussungsversuchen anderer widersetzen, wenn sie auf die Strafbarkeit der Abtreibung und damit auch die Strafbarkeit der Anstiftung oder Beihilfe zur Abtreibung verweisen kann.
Die Forderung nach materiellen Hilfen (siehe auch Punkt 38) darf aber vor allem nicht so verstanden werden, daß das Maß des Lebensschutzes vom Maß der Hilfen – über deren Umfang immer Meinungsverschiedenheiten bestehen werden – abhängig sei. Das Recht auf Leben besteht unabhängig davon, ob den Eltern durch familien- und sozial-

politische Maßnahmen die Kindererziehung erleichtert wird oder nicht. Eine ausreichende Unterstützung der Familien ist eine Forderungen der Gerechtigkeit, aber keine Voraussetzung für das Recht auf Leben. (be)

„ Mehr Aufklärung über Verhütung " (37)

„Wenn man die Abtreibungszahlen senken will, dann müssen ungewollte Schwangerschaften vermieden werden. Deshalb sollte es mehr Aufklärung über Verhütungsmittel geben und diese müßten in größerem Umfang verwendet werden."

Trotz Verhütungsmöglichkeiten hohe Abtreibungszahlen

Selbstverständlich ist es immer besser, die Zeugung von Kindern zu verhindern, als diese nach ihrer Entstehung zu töten. Aus verschiedenen Gründen kann eine stärkere Verhütungsaufklärung aber nicht als Patentrezept für das Abtreibungsproblem angesehen werden.

Grundsätzlich führen Planungs- und Bestimmungsmöglichkeiten weg von der erforderlichen *bedingungslosen Annahme* jedes gezeugten Kindes. Verfrühte und unüberlegte Sexualbeziehungen aufgrund der Verfügbarkeit „sicherer" Verhütungsmittel bieten keine Gewähr dafür, daß die möglichen Folgen verantwortungsbewußt getragen werden. Es ist eher das Gegenteil zu beobachten: Je „sicherer" man glaubt verhüten zu können, obwohl es in Wirklichkeit keine absolut sicheren Verhütungsmittel gibt, desto eher ist man geneigt, das geplante Ziel der Vermeidung von Kindern auch dann mit allen Mitteln durchzusetzen, wenn die Verhütungsmaßnahmen versagt haben. Dies gilt besonders, wenn erkennbar Umstände vorliegen, die die Sorge um ein Kind objektiv sehr schwierig gestalten würden. Gerade in diesen Situationen ist es wichtig, sich des „Risikos" bewußt zu sein, das trotz der Anwendung von Verhütungsmitteln ein Kind entstehen könnte. Das Lebensrecht des ungeborenen

Kindes sollte schon im konfliktfreien Raum anerkannt werden, damit nicht dann, wenn tatsächlich eine Konfliktschwangerschaft entstanden ist, doch die Tötung des Kindes als letztes Mittel der „Verhütung" eingesetzt wird.

Leider wird „Aufklärung über Verhütung" auch häufig so verstanden, daß nur rein technische Hinweise zur Vermeidung von Nachwuchs vermittelt werden. Ethische Fragestellungen oder die Möglichkeiten verantwortlicher natürlicher Empfängisregelung werden oft ausgeklammert. Eine „technische" Verhütungshaltung kann besonders leicht in eine Haltung umschlagen, die Abtreibung als letzte Möglichkeit der „Notfallverhütung" akzeptiert.

In der Diskussion um den Einsatz von Verhütungsmitteln bleibt in aller Regel auch völlig unberücksichtigt, daß einige der empfohlenen „*Verhütung*smittel" in Wahrheit frühabtreibende Wirkung haben („Pille danach", Spirale), da sie nicht oder nicht primär die Befruchtung der Eizelle, sondern erst die Einnistung der bereits befruchteten Eizelle in die Gebärmutter verhindern (zur Menschqualität in diesem Stadium vgl. Punkt 7).

Daß eine stärkere Sexualaufklärung insgesamt zu weniger Abtreibungen führen soll, ist letztlich schon deshalb unwahrscheinlich, weil noch nie so oft und so offen über Sexualität und Verhütung gesprochen und geschrieben wurde wie heute und trotzdem eine hohe Abtreibungsqoute zu beklagen ist. Es kann also kaum an fehlenden Informationsmöglichkeiten oder fehlendem Wissen liegen. Es scheint eher die Bereitschaft zu fehlen, sich dem Wissen entsprechend zu verhalten und im Falle eines Falles die Verantwortung für die Folgen des eigenen Tuns zu übernehmen. Auch mangelnde finanzielle Mittel können nicht ausschlaggebend für die hohe Zahl der Abtreibungen sein, wie die Forderung nach kostenloser Abgabe von Verhütungsmitteln unterstellt. In keinem der bisher in der Presse oder im Fernsehen geschilderten Fälle wurde behauptet, daß es deshalb zur Abtreibung gekommen sei, weil die Eltern des ungeborenen Kindes sich keine Verhütungsmittel hätten leisten können.

Soweit argumentiert wird, daß Abtreibungen gerade deshalb erlaubt sein müßten, *weil* Verhütungsmittel nicht „absolut" sicher sind, ist eine völlige Verkennung der Wertordnung des Grundgesetzes festzustellen. Die Menschenwürde und das Recht auf Leben sind die obersten Werte unserer Rechtsordnung und nicht ein vermeintliches „Recht auf folgenlosen Geschlechtsverkehr". (be)

„Kinderfreundliche Gesellschaft" (38)

„Solange wir keine kinderfreundliche Gesellschaft haben, müssen Abtreibungen toleriert werden. Angesichts der Kinderfeindlichkeit in unseren Städten und in der Arbeitswelt, der Umweltzerstörung und der Friedlosigkeit zwischen den Menschen ist es verständlich, wenn junge Menschen keine Kinder in die Welt setzen wollen."

Abtreibungen machen die Welt nicht kinderfreundlicher

Das Ziel, eine kinderfreundliche Gesellschaft aufzubauen, das ganz besonders auch von den Anhängern der Lebensrechtsbewegung verfolgt wird, erreicht man nicht durch Abtreibungen. Auch ungeborene Kinder sind Kinder. Sie zu töten ist nicht kinderfreundlich.

Je mehr Kinder an der Geburt gehindert werden, desto schlechter sind die Chancen, eine kinderfreundliche Gesellschaft errichten zu können. Wo „Singles" und Ein-Kind-Familien vorherrschen, wo Kinder eher die Ausnahme sind, entsteht ein kinderfeindliches Klima. Wo dagegen Mehr-Kinder-Familien der Normalfall sind und Kinder den Alltag prägen, kommt die „kinderfreundliche Gesellschaft" von ganz allein.

Das Schlagwort von der fehlenden Kinderfreundlichkeit der Gesellschaft läßt oft den Eindruck entstehen, daß hier die ganz persönliche Verantwortung für eine Tötungsentscheidung auf „die Gesellschaft" und die „allgemeinen Umstände" („Umweltzerstörung", „Friedlosigkeit") abgewälzt werden soll. Als „Ausrede" ist dieses Schlagwort deshalb besonders gut geeignet, weil es sicher zahlreiche Beispiele gibt, die sich zum Nachweis der Kinderfeindlichkeit unserer Gesellschaft anführen ließen. Diese könnten jedoch auch als Symptome einer umfassenderen „Lebensfeindlichkeit" der Gesellschaft aufgefaßt werden. Würde das auch die Tötung geborener Menschen rechtfertigen? Warum läßt die „*Kinder*feindlichkeit" der Gesellschaft nicht auch die Tötung von (geborenen) *Kindern* „verständlich" erscheinen?

Niemand vermag zu sagen, was unter einer kinderfreundlichen Gesellschaft konkret zu verstehen ist. Ob die verschiedenen Forderungen, die in diesem Zusammenhang erhoben werden, tatsächlich immer kinderfreundlich sind, ist umstritten. Kinderkrippen, Ganztageskindergärten und -schulen etwa erleichtern zwar die Betreuung und die Erziehung des Kindes außerhalb der Familie, dienen aber nicht zwangsläufig dem Kindeswohl. Eine kinderfreundliche Gesellschaft müßte es doch zu allererst den Eltern ermöglichen, daß sie ihre Kinder selbst betreuen und erziehen können. Die so oft propagierte „Vereinbarkeit von Familie und Beruf" hat eine andere Zielrichtung als das Wohl des Kindes. Das Kind soll der Erwerbstätigkeit beider Eltern nicht im Wege stehen. Bei mehreren Kindern ist eine Vereinbarkeit von Familie und Beruf aber ohnehin nicht mehr möglich. Stattdessen sollten die Familien so finanziell abgesichert werden, daß sich ein Elternteil zumindest in den ersten Lebensjahren voll der Betreuung und Erziehung der Kinder selbst widmen kann. Diese „Wahlmöglichkeit" zwischen Familie und Beruf sollte wenigstens gleichzeitig mit einer „Vereinbarkeit" von Familie und Beruf angestrebt und verwirklicht werden. Ein erster Schritt in diese Richtung wurde mit der Einführung des Erziehungsgeldes getan.

Die hier nur kurz angeschnittenen Meinungsunterschiede über Maßnahmen zur Schaffung einer kinderfreundlichen Gesellschaft verdeutlichen, daß das Recht auf Leben nicht davon abhängen kann, in welchem Umfang nach Ansicht bestimmter Gruppen die „kinderfreundliche Gesellschaft" verwirklicht ist. (be)

„*Schutz des Kindes nur mit, nicht gegen den Willen der Frauen*" (39)

„Ungeborene Kinder kann man nur mit, aber nicht gegen den Willen der Frauen schützen".

Der Wille „der Frauen" ist nicht einheitlich

Der Wille „der Frauen" ist in der Abtreibungsfrage genauso wenig einheitlich wie in anderen Fragen (siehe auch Punkt 45). Wer vom „Willen der Frauen" spricht, dem gegenüber ist Mißtrauen angebracht. Häufig soll eine bestimmte Meinung in der Abtreibungsdebatte als maßgeblich (als „Wille der Frauen") und jeder Versuch, eine andere Problemlösung zu verwirklichen, als aussichtslos dargestellt werden.

Richtig ist, daß es Frauen gibt, die Abtreibungen als eine zulässige Möglichkeit zur Bewältigung von ungewollten Schwangerschaften ansehen und die auch bei einem konsequenten Abtreibungsverbot immer einen Weg suchen und finden werden, das Kind töten zu lassen.

Richtig ist aber auch, daß es viele Frauen gibt, die bei einer ungewollten Schwangerschaft unschlüssig sind oder die jedenfalls nicht um jeden Preis abtreiben wollen. Je schwieriger sich die „Alternative" Abtreibung erweist, desto eher werden sie Rat und Hilfe in Anspruch nehmen und desto schwieriger ist es, sie gegen ihren Willen zur Abtreibung zu drängen.

Es ist völlig falsch, den mutmaßlichen „Willen" von Frauen rein statisch zu betrachten. Menschen sind beeinflußbar und ändern sehr häufig ihre Ansichten. Es ist deshalb zutreffend, wenn der Schutz des ungeborenen Kindes nicht *überwiegend oder in erster Linie* „gegen den Willen" von Frauen durchgesetzt werden soll. Es muß vielmehr der Versuch gemacht werden, mit allen zur Verfügung stehenden Mitteln *den Willen so zu beeinflussen, daß der Schutz des Kindes nicht mehr „gegen den Willen" der Frau durchgesetzt werden muß.* Die positive Einflußnahme auf den Motivationsprozeß der Frau ist und muß Hauptaufgabe des Lebensschutzes sein. Deshalb muß das Leben des ungeborenen Kindes und seine Gleichwertigkeit mit dem geborener Menschen dargestellt und vermittelt sowie die ökonomische Bestrafung für ein Leben mit Kindern (im Sozial- und Rentensystem) aufgehoben werden. Zur positiven Einwirkung auf die Einstellung zum Kind gehört aber auch, daß vorgeburtliche Kindestötungen im Strafrecht klar als Unrecht gekennzeichnet werden. (be)

„*Strafgesetz nur ‚ultima ratio'*" (40)

„Auch das Bundesverfassungsgericht hat anerkannt, daß der Gesetzgeber das Strafgesetz nur als letztes Mittel, als „ultima ratio", einsetzen muß. Deshalb sind zuerst andere Maßnahmen, insbesondere Bewußtseinsbildung und soziale Hilfen, zum Schutz des ungeborenen Kindes einzusetzen."

Effektiver Rechtsgüterschutz erfordert auch ein Strafgesetz

Der Gedanke, daß Strafvorschriften nur als letztes Mittel („ultima ratio") staatlicher Machtausübung verwendet werden sollen, hat zwei sinnvolle Aspekte.

● **Der zeitliche Aspekt:**
Bei *neu auftretendem* Verhalten, das wegen der Verletzung eines schützenswerten Rechtsguts als strafwürdig angesehen wird, soll erst dann die Schaffung einer Strafvorschrift erwogen werden, wenn andere Maßnahmen – z.B. allgemeine Bewußtseinsbildung, Selbstkontrolle (soweit abgegrenzte

und organisierte Personengruppen betroffen sind), Verwaltungsvorschriften, wirtschaftliche oder sozialpolitische Schutzanreize – keinen Erfolg versprechen oder gescheitert sind. Läßt sich auf anderen Wegen das Auftreten rechtsgutverletzenden Verhaltens nicht verhindern, muß als (zeitlich) „letztes Mittel" die Strafandrohung zum Schutz des bedrohten Gutes erwogen werden. Als Beispiel ist etwa der Schutz von extrakorporal gezeugten Embryonen zu nennen. Nachdem in Zusammenhang mit den neuen Techniken der Fortpflanzungsmedizin überzählige menschliche Embryonen „selektiert", „verbraucht" und „weggeschüttet" worden waren und andere Maßnahmen (Selbstkontrolle durch ärztliche Standesorganisationen, allgemeine ethische Bewußtseinsbildung) nicht ausgereicht hatten, dies zu verhindern, sind vom Gesetzgeber entsprechende Strafvorschriften erlassen worden. Auch im Bereich der Wirtschafts- und Umweltkriminalität sind in den letzten Jahren neue Strafvorschriften geschaffen worden. Appelle an das Verantwortungsbewußtsein des einzelnen hatten zum Schutz von Eigentum und Umwelt nicht ausgereicht.

● **Der personenbezogene Aspekt:**
Einzelne Personen, deren Motivation, strafwürdige Handlungen vorzunehmen, von anderen Maßnahmen unbeeindruckt bleibt (die etwa trotz fehlender Notlage abtreiben wollen), können nur noch als letztes Mittel mit einer Strafandrohung beeinflußt werden. In diesem Sinne ist *jede bestehende Strafvorschrift „ultima ratio"*, da sie nur solche Menschen betrifft, die nicht ohnehin aufgrund allgemeiner Moralvorstellungen oder wegen ausreichender materieller Versorgung etc. von der Begehung von Straftaten Abstand nehmen. Die Qualifizierung von Strafvorschriften als „ultima ratio" staatlichen Handelns macht somit keineswegs den Einsatz des Strafrechts im Bereich des Rechtsgüterschutzes zum seltenen Ausnahmefall, wie man bei oberflächlicher Interpretation des Ausdrucks „ultima ratio" meinen könnte. Ein umfassender Schutz von bedrohten Rechts-

gütern wird vielmehr nur dadurch erreicht, daß auch das Strafrecht zum Einsatz kommt. Wer sich von Appellen an die Vernunft, von moralischen Geboten und staatlichen Fürsorgemaßnahmen nicht ansprechen läßt, ist allenfalls noch mit einer Strafandrohung von sozialschädlichem Verhalten abzubringen. Letztlich ist deshalb auch das BVerfG zum Ergebnis gekommen, daß das Strafrecht zum Schutz der ungeborenen Kinder eingesetzt werden muß (BVerfGE S. 45 ff.).

Das Verständnis von Strafvorschriften als „ultima ratio" darf also nicht dahingehend mißverstanden werden, daß eine Strafvorschrift abgeschafft werden müßte, solange es eine gewisse Chance gibt, auch durch andere Maßnahmen zum Schutz des bedrohten Rechtsgutes beitragen zu können. Denn sonst müßten eigentlich alle Strafnormen gestrichen werden, weil immer auch andere Einwirkungen auf den Motivationsprozeß von potentiellen Straftätern möglich sind (höhere Sozialhilfe oder staatliches Grundgehalt für solche, die Eigentumsdelikte begehen; Verhaltenstherapie für Gewalttäter etc.). Die Erfahrung lehrt aber, daß es Grenzen für die sozialpolitische Steuerungsfähigkeit menschlichen Verhaltens gibt. Wer die Vorstellung hat, daß Vernunftappelle und umfassende sozialpolitische Maßnahmen ein bestimmtes oder auch alle Strafgesetze überflüssig machen können, geht von zwei grundlegenden Fehlannahmen aus. Die eine ist, die totale Bedürfnisbefriedigung des Menschen für erreichbar zu halten. Die andere beruht auf dem Glauben, daß der Mensch von Natur aus gut sei und bei Schaffung optimaler äußerer Verhältnisse auf keine bösen Gedanken mehr kommen könne. Beide Annahmen stehen in unüberbrückbarem Gegensatz zur Realität.

Es steht außer Frage, daß in den Bereichen, die neben dem Strafrecht Einfluß auf die Motivation zur Abtreibung haben, noch vieles verbessert werden kann und muß. Strafnormen sind deswegen aber nicht überflüssig und stehen auch keineswegs in einem Gegensatz zu Beratung und Hilfe. Wenn in

Zusammenhang mit „Fristenlösungs"-Modellen (siehe hierzu Punkt 43) eine Verbesserung der Beratung und eine ausreichende Familienförderung gefordert wird, *um dem Schutz des ungeborenen Kindes zu dienen,* dann ist die gleichzeitige Forderung nach Abschaffung der Strafdrohung unlogisch, da diese nicht zur Tötung Ungeborener beiträgt, sondern genau dem gleichen Ziel dient wie Beratung und Hilfe. Eine Abschaffung der Strafvorschriften würde nur dann einen Sinn ergeben, wenn man annehmen müßte, daß nur abgetrieben wird, *weil* die Strafdrohung besteht (sozusagen „aus Trotz"). Das wird aber niemand ernsthaft behaupten wollen.   (be)

„Eine freiheitliche Gesellschaft braucht liberale Lösungen" (41)

„In einer freiheitlichen Gesellschaft sind restriktive Regelungen unangemessen. Eine liberale Regelung wie die Fristenlösung entspricht dem Bild vom mündigen Bürger."

Liberalisierung von Abtreibungen – ein Widerspruch in sich

Der Begriff „liberal" wird im Zusammenhang mit der Abtreibungsdebatte mißbraucht: Wenn es sich bei der Abtreibung um die vorgeburtliche Tötung eines Kindes handelt, also ein eindeutiges Unrecht, dann ist die „Liberalisierung" dieses Unrechts ein Widerspruch in sich. Wer als Liberaler die verfassungswidrige Fristenregelung fordert, von „erlaubten" statt von unter bestimmten Indikationen strafbefreiten Abtreibungen spricht, die gegen das ohnehin schon weitmaschige Gesetz verstoßende Abtreibungspraxis billigt, das Selbstbestimmungsrecht der Mutter als vorrangig oder gleichrangig mit dem Lebensrecht ihres eigenen Kindes definiert, den Vater dabei überhaupt nicht erwähnt, verfassungswidrig ein klares Beratungsziel – das Austragen der Schwangerschaft – ablehnt und schließlich sogar die Kosten für die

Kindestötung als Sachleistung unseres Gesundheitswesens der Solidargemeinschaft aufzwingt, der mißbraucht den Begriff „Liberalismus".

Ausgerechnet die „sozialistische Errungenschaft" der ehemaligen DDR, die Dreimonats-„Fristenlösung" – richtiger *Fristentötung* – als „liberal" zu bezeichnen, ist unhaltbar. Dann müßte eine viermonatige Tötungsfreigabe für Ungeborene oder auch eine Tötungsfrist für behinderte, kranke oder sterbende Menschen noch „liberaler" sein.

Liber – eines Freien würdig – bedeutet die Bindung der Freiheit an Verantwortung. Dann kann die Verfügung eines Menschen über das Leben eines anderen, kann die Abstufung der Menschenrechte nach lebenswertem und -unwertem Leben oder nach rassistischen, eugenischen und gesundheitlichen Merkmalen nicht rechtens und liberal sein. Der Liberalismus ist zurecht stolz auf die Abschaffung von Geburts- und Standesprivilegien und die Erringung allgemeiner und gleicher Bürgerrechte für alle. „Liberalität" in der Abtreibungsfrage steht ethisch auf der selben Stufe wie „Liberalität" gegenüber Sklaverei. Wo Menschen zu Objekten, über die willkürlich verfügt werden darf, herabgewürdigt werden, müssen Liberale auf der Seite der Freiheit stehen – der Freiheit derer, die wehrlose Opfer fremder Verfügung sind.

Der freie und mündige Bürger urteilt aus Vernunftgründen und nicht aus eigensüchtigen Motiven. Die Argumente der Vernunft sprechen gegen die Tötung unschuldiger und wehrloser ungeborener Menschen. (schö)

„Liberale Regelung führt zu niedriger Abbruchrate" (42)

„Das Positivbeispiel Niederlande zeigt, daß mit liberalen gesetzlichen Regelungen sehr niedrige Abtreibungszahlen zu erreichen sind."

„Liberale" Regelungen schützen nicht

Daß eine weitgehende Freigabe der Abtreibung zu weniger Abtreibungen führt, ist eine durch nichts bewiesene Behauptung der Abtreibungsbefürworter. Die „offizielle" Abtreibungsquote in den Niederlanden, wo praktisch die Abtreibung auf Wunsch verwirklicht ist, ist zwar niedriger als in der Bundesrepublik. Bei ähnlich weitgehender Abtreibungsfreigabe wie in Holland ist aber die Abtreibungsquote in Italien um das drei- bis vierfache und in Schweden sogar um das fünffache höher als in den Niederlanden. Diese Zahlen lassen eine „liberale" gesetzliche Regelung keineswegs als besonders effektiv erscheinen. Dagegen gibt es in Irland, dem Land mit dem strengsten Abtreibungsverbot in Europa (keine gesetzlichen Ausnahmen vom Abtreibungsverbot, ausdrücklicher Schutz des ungeborenen Kindes durch die Verfassung), ähnlich wenig Abtreibungen wie nach den „offiziellen" Angaben in den Niederlanden.

Diese Beispiele allein zeigen schon deutlich, daß es einen Automatismus *liberale Gesetzgebung* gleich *niedrige Abtreibungszahlen"* nicht gibt und daß eine restriktive Gesetzgebung zum Schutz des ungeborenen Kindes durchaus beitragen kann. Die Wirksamkeit einer strengen gesetzlichen Abtreibungsregelung hängt allerdings davon ab, daß sie auch in der Praxis durchgesetzt wird. Ferner kommt es natürlich darauf an, wie stark das Bewußtsein für die Schutzwürdigkeit des ungeborenen Kindes in der Bevölkerung verankert ist, was der Staat durch Schulerziehung und Aufklärungskampagnen beeinflussen kann. Von der gesetzlichen Regelung selbst geht wiederum eine nicht unerhebliche bewußtseinsbildende Wirkung aus (siehe auch Punkt 35), wie das allgemein für Strafgesetze angenommen wird und wovon auch das BVerfG im Urteil zur „Fristenlösung" ausgegangen ist (BVerfGE S. 57).

Wenn man die niedrigen Abtreibungszahlen in den Niederlanden als zutreffend ansieht, heißt das aber noch nicht, daß diese auf die permissive Rechtslage zurückgeführt werden könnten. Es ist vielmehr so, daß die Niederlande in der Gruppe der Länder mit „liberaler" Abtreibungsgesetzgebung eine Sonderstellung einnehmen. Denn bei mehr als einem Viertel der Ehepaare im gebärfähigen Alter ist einer der Partner sterilisiert! Dies spricht für eine Vermeidung ungewollter Schwangerschaften und damit auch indirekt für eine Vermeidung von Abtreibungen. Eine wegen des hohen Prozentsatzes an Sterilisierten geringere Abtreibungsquote hat aber mit „liberalen" Abtreibungsgesetzen nichts zu tun.

Im übrigen sind die niedrigen Zahlenangaben für die Niederlande anzuzweifeln:

● Bei der Niederländischen Abtreibungsstatistik handelt es sich um eine zunächst freiwillige Erhebung durch die Organisation STIMEZO („Stichting voor Medisch Verantwoorde Zwangerschapsonderbreking" – „Stiftung für medizinisch verantwortete Schwangerschaftsunterbrechung"), die seit 1984 gesetzlich vorgeschrieben ist. Da STIMEZO selbst einige Abtreibungskliniken betreibt, hat diese Organisation durchaus ein Interesse an einer positiven Darstellung der holländischen Verhältnisse. Die Abtreibungszahlen werden nur anonym von den einzelnen Einrichtungen gemeldet, so daß der Wahrheitsgehalt der Statistik nicht nachprüfbar ist.

● Ferner werden in den Niederlanden jährlich, vorwiegend an junge Frauen und Mädchen, 60.000 „Pillen danach" abgegeben, die eine frühabtreibende Wirkung haben. In Kenntnis dieser Tatsache erscheint auch die niederländische Aufklärung über Verhütungsmittel weit weniger effektiv, als dies oft dargestellt wird.

● Schließlich sind in den Niederlanden sogenannte „Überzeitbehandlungen" („Overtijdbehandeling") oder „Menstruationsregulierungen" verbreitet. Es handelt sich dabei um das Ausschaben oder Absaugen des Gebärmutterinhalts in engem zeitlichen Zusammenhang mit dem Termin der errechneten Monatsblutung. Falls bereits eine Schwangerschaft besteht, was nicht überprüft wird, steht diese Methode einer Abtreibung völlig gleich. Statistisch wird sie jedoch nicht als Abtreibung erfaßt. (be)

„*Fristenlösung für ganz Deutschland*" (43)

„Da in den westlichen Bundesländern Deutschlands die Abtreibungsquote ungefähr genauso hoch ist wie in der ehemaligen DDR, in der die Fristenlösung gilt, muß man feststellen, daß die Indikationsregelung versagt hat. Sie bietet keinen wirksamen Schutz. Für Gesamtdeutschland muß deshalb eine verbesserte Fristenregelung eingeführt werden. Eine dreimonatige Straffreiheit sollte mit Beratung, Aufklärung und sozialen Hilfen kombiniert werden.

Fristenregelung verfassungswidrig

Ob die westliche „Indikationslösung" zu einer ebenso hohen Abtreibungsquote geführt hat, wie die östliche „Fristenlösung", kann nicht exakt festgestellt werden, da die Abbruchstatistiken auf beiden Seiten ungenau sind. Vermutlich dürfte das Niveau aber nicht sehr unterschiedlich sein.

Daß demnach die Indikationsregelung keinen besseren Schutz des ungeborenen Kindes gewährleistet hat als die „Fristenlösung" auf dem Gebiet der ehemaligen DDR, hat aber bestimmte Ursachen. Wie in den Punkten 25 bis 34 dargestellt ist, hatte die Indikationsregelung von vorneherein schwere inhaltliche Mängel, die nach dem einhelligen Urteil aller Fachleute dazu geführt haben, daß „de facto" eine Fristenregelung praktiziert wird. Jede Frau, die abtreiben will, kann dies auch auf „legalem" Weg erreichen. An eine effektive gerichtliche Kontrolle der Praxis war aufgrund der zahlreichen rechtlichen Mängel der Regelung von Anfang an nicht zu denken. Die Strafverfolgungsbehörden übten deshalb große Zurückhaltung und schritten nur in wenigen besonders krassen Einzelfällen ein, so daß die wichtige generalpräventive Wirkung der Strafnormen (vgl. BVerfGE S. 57 f.) nicht eintreten konnte.

Wer also von der Unwirksamkeit der Indikationsregelung zu sprechen glaubt, spricht in Wirklichkeit von der Unwirksamkeit einer (De-facto-)Fristenregelung. Wenn dieser Zustand als unbefriedigend und als änderungsbedürftig angesehen wird, dann kann die Vergangenheit zunächst nur eines lehren: eine Fristenregelung schützt das ungeborene Kind nicht. Wer etwas anderes behauptet oder für die Zukunft verspricht, betreibt Irreführung und widerspricht sämtlichen Erfahrungen die je mit Fristenregelungen gemacht worden sind (zum vermeintlichen „Musterbeispiel Niederlande" siehe Punkt 42).

Soweit sich gerade SPD und FDP beklagen, daß mit der Indikationsregelung ein wirksamer Schutz des ungeborenen Lebens nicht möglich gewesen sei, grenzt das an Heuchelei und Zynismus. SPD und FDP haben die Regelung der Paragraphen 218 ff. StGB nach Aussagen von am Gesetzgebungsverfahren beteiligten Personen bewußt so konzipiert, daß sie in ihren praktischen Auswirkungen der verfassungswidrigen „Fristenlösung" möglichst nahe kam. Alle Versuche, die ausufernde Praxis zu beschränken (z.B. durch ein Schwangerenberatungsgesetz), wurden von der SPD erbittert bekämpft und von der FDP innerhalb der Regierungskoalition blockiert. Falls es – wie in Memmingen – ein Gericht wagte, die von der damaligen sozial-liberalen Koalition geschaffene Regelung auch tatsächlich anzuwenden, wurde von „Hexenjagd" und „Frauenverfolgung" gesprochen. Wenn sich also SPD und FDP über die Unwirksamkeit der von ihnen geschaffenen Indikationsregelung „beklagen", fällt der Vorwurf des Versagens auf sie selbst zurück.

Als mögliche Alternativen zur westlichen Indikationsregelung und zur östlichen Fristenregelung werden von FDP und SPD modifizierte Fristenregelungen vorgeschlagen (wobei hier die Forderung der Grünen nach völliger Abschaffung des strafrechtlichen Lebensschutzes unberücksichtigt bleiben soll):
SPD und FDP vertreten eine „Fristenlösung" mit dreimonatiger Straffreiheit. Daneben soll mit Aufklärung über Verhütung, freiwilliger (SPD) bzw. verpflichtender (FDP)

Beratung und sozialen Hilfen mit Rechtsanspruch (höheres Kindergeld, Recht auf Kindergartenplatz) zu einem besseren Lebensschutz beigetragen werden. In dieser Kombination, so wird behauptet, könne den Anforderungen des BVerfG-Urteils zur „Fristenlösung" genüge getan werden.

Bewertung der „verbesserten Fristenregelungen"
Durch das BVerfG-Urteil zur bundesdeutschen „Fristen-lösung" (vgl. Dokumentation III.) wurde eine Straflosstellung für Abtreibungen in den ersten drei Schwangerschafts-monaten, die mit einer Pflichtberatung kombiniert war, für verfassungswidrig erklärt. Eine Regelung, wie sie auf dem Gebiet der ehemaligen DDR besteht (Fristenregelung mit „Recht auf Abtreibung"; keine Beratung mit lebensschüt-zender Zielrichtung) ist deshalb eindeutig verfassungswidrig. Fraglich ist, ob auch die Vorschläge von FDP und SPD, die den Strafrechtsschutz für die ersten drei Schwanger-schaftsmonate ebenfalls völlig zurücknehmen, anders zu be-urteilen sind, weil sie mit „flankierenden Maßnahmen" (Auf-klärung, Beratung, soziale Hilfen) kombiniert werden sollen.

Die von SPD und FDP vorgeschlagenen *flankierenden Maßnahmen* ändern an der Verfassungswidrigkeit der straf-rechtlichen Freigabe der Abtreibung nichts. Beratung, Auf-klärung oder familienpolitische Maßnahmen können das Recht auf Leben nach Abschaffung der strafrechtlichen Schutznormen nicht in vollem Umfang gewährleisten. Man müßte sonst annehmen, daß das Recht auf Leben allein vom Maß der staatlichen Hilfsmaßnahmen für Familien abhängig sei. Das Lebensrecht ist jedoch von der Höhe des Kinder-geldes oder der Anzahl der Kindergartenplätze unabhängig. Sozialpolitische Förderung ist richtig und notwendig, sie darf aber nicht zum alleinigen Maßstab für das fundamentale Menschenrecht auf Leben werden.

Dem wird entgegengehalten, daß eine Strafandrohung er-fahrungsgemäß nutzlos und für sich betrachtet kein effektives Mittel zum Schutz ungeborener Kinder sei. Frauen, die sich von der Strafdrohung nicht abschrecken ließen, würden ohnehin immer einen Weg zur Abtreibung finden (siehe hierzu auch Punkt 20 und 22). Außerdem schlössen sich repressive Strafdrohung und präventive Maßnahmen (Beratung, soziale Hilfen) gegenseitig teilweise in ihrer lebensschützenden Wirkung aus. Während die Strafdrohung eventuell in bestimmtem Umfang Schwangerschaftsabbrüche verhindern könne, habe sie doch auch zur Folge, daß durch Beratung und materielle Hilfsangebote grundsätzlich beeinflußbare Frauen abtreiben ließen, weil sie kein Vertrauen in den Ausgang des Beratungs- oder Indikationsfeststellungsverfahrens und die Wirksamkeit der Hilfen hätten. Diese Frauen und solche, bei denen eventuelle Indikationen nicht in Frage kämen, würden angesichts der Strafdrohung ihre Schwangerschaft heimlich („illegal") abbrechen lassen und sich damit der helfenden Beeinflussung durch eine freiwillige bzw. verpflichtende Beratung und der Vermittlung staatlicher Hilfsangebote verschließen. Angesichts dieser Umstände müsse der Gesetzgeber den lückenlosen strafrechtlichen Schutz des ungeborenen Lebens aufgeben und eingestehen, daß jede mögliche Regelung des Schwangerschaftsabbruchs zwar Leben rette, auf der anderen Seite aber auch der tatsächlichen Vernichtung preisgebe. Eine Fristenregelung mit flankierenden Maßnahmen sei in der *Gesamtbetrachtung* die bessere Lösung, jedenfalls gewährleiste sie auf tatsächlicher Ebene einen mit der Indikationsregelung mindestens vergleichbaren Schutz.

Alle diese in der heutigen Diskussion wieder vorgebrachten Argumente wurden schon zur Rechtfertigung der bundesdeutschen Fristenregelung von 1974 verwendet und sind vom BVerfG zurecht abgelehnt worden (BVerfGE S. 56 ff.). Zunächst fehlt einer für die Fristenregelung vorteilhaften Gesamtrechnung („mehr gerettete, als vernichtete ungeborene Kinder") schon die tatsächliche Grundlage. Eindeutige Zahlen, daß unter Geltung von Fristenregelungen die Abtreibungsquote niedriger sei als bei einer Indikationsregelung, gibt es nicht (so schon BVerfGE S. 59 f.). Die Erfahrungen in anderen Ländern sprechen deutlich gegen diese Annahme (vgl. auch Punkt 42). In der Bundesrepublik Deutschland wurde und wird die Indikationsregelung außerdem in der Realität wie eine Fristenregelung praktiziert (siehe oben), so daß eine „faktische" Fristenregelung nur durch eine „gesetzliche" ersetzt würde, ohne eine Verbesserung der Situation zu erreichen.

Weiterhin hat das BVerfG die oben erwähnte „Gesamtrechnung" auch aus Rechtsgründen abgelehnt. „Die pauschale Abwägung von Leben gegen Leben, die zur Freigabe der Vernichtung der vermeintlich geringeren Zahl im Interesse der Erhaltung der angeblich größeren Zahl führt, ist nicht vereinbar mit der Verpflichtung zum individuellen Schutz jedes einzelnen konkreten Lebens" (BVerfGE S. 58).

Die Notwendigkeit des Strafrechtsschutzes

Der Gesetzgeber darf deshalb den möglichen und notwendigen Schutz, den das Strafrecht unabhängig von sozial-, familienrechtlichen und bewußtseinsbildenden Maßnahmen bieten kann, nicht völlig abschaffen. Das „ultima ratio"-Argument greift nicht (siehe Punkt 40).

Die Notwendigkeit eines strafrechtlichen Verbots der Abtreibung ergibt sich daraus, daß es auch Männer und Frauen gibt,

● die sich von allen flankierenden Regelungen nicht beeinflussen lassen,

● die dem Leben des ungeborenen Kindes gleichgültig gegenüberstehen, wenn Abtreibungen strafrechtlich keine Relevanz haben,

● die bewußt die Tötung ungeborener Kinder als notwendige Folge des Sexuallebens billigend in Kauf nehmen (weil es absolut sichere Verhütung nicht gibt) oder

● die sich dann, wenn „es passiert ist", entschließen, die Verantwortung für ihr Tun nicht zu übernehmen, weil ihnen Mühen und Kosten jahrelanger Kindererziehung beschwerlicher erscheinen als ein „kurzer medizinischer Eingriff", ohne sich dabei in einer echten Notlage zu befinden.

Wer dies abstreitet, und jede einzelne der über 200.000 Abtreibungen pro Jahr in den westlichen Bundesländern Deutschlands zu einer „Gewissensentscheidung" (siehe dazu Punkt 15) hochstilisiert, wie dies häufig in der politischen Diskussion getan wird, dessen „Lösungsvorschläge" gehen von falschen Voraussetzungen aus. Mißbilligenswertes und strafwürdiges Verhalten wird auf diese Weise beschönigt und begünstigt. Es gibt viele Beispiele dafür, daß vorgeburtliche Kindestötungen nicht allein durch Aufklärung, Beratung und soziale Hilfen verhindert werden können. Wenn die ehemalige Bundesvorstandssprecherin der Grünen, Jutta Ditfurth, über ihre eigenen Erfahrungen mit Abtreibungen sagt, sie halte zwei Abtreibungen in einem knapp zwanzigjährigen lustvollen Geschlechtsleben für relativ wenig, dann zeigt dies eine blanke Mißachtung des Lebensrechts, die nicht durch mangelnde Sexualaufklärung oder fehlende Hilfen erklärt werden kann. Sollen etwa all die gutsituierten Prominenten, die sich in den Selbstbezichtigungskampagnen des „Stern" mit Abtreibungen ins Licht der Öffentlichkeit gedrängt haben, samt und sonders bittere Not gelitten haben, zu arm zum Kauf von Verhütungsmitteln oder zu dumm für deren Anwendung gewesen sein?

In diesen und zahlreichen vergleichbaren Fällen ist es Aufgabe und Sinn des Strafrechts,

● Recht und Unrecht zu kennzeichnen, die Wertordnung der Verfassung auf einfachgesetzlicher Ebene zu verdeutlichen und damit allgemein bewußtseinsbildend zu wirken,

● durch Strafandrohung spezialpräventiv gegenüber gewerbsmäßigen Abtreibern zu wirken, die durch massenhafte Abtreibungen große Summen verdienen (und die bezeichnenderweise meist gerade in Zusammenhang mit Steuerhinterziehung auffallen),

● allgemein eine Sanktion für Unrecht anzudrohen, um damit eine generalpräventive Wirkung und eine stärkere Auseinandersetzung mit dem tatsächlichen Geschehen bei Abtreibungen zu erzielen,

- auch spezialpräventiv gegenüber Frauen zu wirken, die mehrfach Abtreibungen durchführen (siehe Dokumentation I., Position 9) und somit zum Teil die Tötung ungeborener Kinder als ein Mittel der Familienplanung betrachten,
- speziell den Partnern und anderen Personen des sozialen Umfeldes von schwangeren Frauen zu verdeutlichen, daß sie selbst gegen das Strafrecht (als Anstifter oder Gehilfe) verstoßen, wenn sie zur Abtreibung, einer rechtswidrigen Tat, raten oder sogar diesbezüglich Druck auf Schwangere ausüben.

Daß auch mit strafrechtlichen Mitteln nicht jede Rechtsverletzung verhindert werden kann, ist eine Banalität, die nicht gegen den Einsatz des Strafrechts spricht (siehe Punkt 20). Als Alternative bliebe sonst nur die Kapitulation vor dem Unrecht.

Hilfsargumente

Die „neuen" Konzepte zur Schaffung einer gesamtdeutschen Abtreibungsregelung werden in aller Regel durch eine Reihe von Hilfsargumenten zusätzlich untermauert, die an anderer Stelle widerlegt sind (z.B. „Liberale Lösung führt zu niedriger Abtreibungsrate", siehe Nr. 42; „Helfen statt strafen", siehe Nr. 36; „Mehr Aufklärung über Verhütung", siehe Nr. 37; „Strafgesetz nur 'ultima ratio'", siehe Nr. 40; „Beratung schützt Leben", siehe Nr. 31).

FDP und SPD müssen sich fragen lassen:
Wenn ihre Vorschläge wirklich einen besseren Schutz des Lebens bezwecken, warum soll dann ein strafrechtliches Verbot der Tötung ungeborener Kinder entfallen und der Weg zur Erreichung einer Abtreibung erleichtert werden? Dieser Grundwiderspruch läßt sich nicht auflösen. Die Indikationsregelung, die bei all ihren Schwächen den Wert des ungeborenen Lebens zumindest formal besser zum Ausdruck bringt als eine Fristenregelung und die bei richtiger Handhabung durchaus eine generalpräventive Wirkung haben könnte, läßt sich mit allen geforderten flankierenden Maßnahmen ohne weiteres verbinden. Echte soziale Hilfen

und ein strafrechtliches Abtreibungsverbot dienen demselben Zweck und schließen sich nicht gegenseitig aus.

Die von FDP und SPD gemachten Vorschläge sind nicht neu, sondern lediglich Modifizierungen altbekannter, verfassungswidriger Konzepte. (be)

„Dritter Weg zwischen Indikations- und Fristenregelung" (44)

„Da sowohl die Fristenregelung als auch die Indikationsregelung das ungeborene Kind nicht wirksam schützen, muß ein dritter, besserer Weg gefunden werden."

Der „dritte Weg" ist in Wahrheit eine Fristenregelung

Aus der CDU wurde von Rita Süssmuth ein „dritter Weg" zwischen Indikations- und Fristenregelung vorgeschlagen. Er geht ebenso wie die Vorschläge von FDP und SPD von der falschen Voraussetzung aus, daß die Indikationslösung den Schutz des ungeborenen Kindes nicht gewährleistet habe (vgl. dazu Punkt 43).

Der „dritte Weg" enthält im wesentlichen folgende Punkte:

● ausdrückliche Aufnahme des Schutzes des ungeborenen Menschen in die Verfassung,

● Übernahme der Paragraphen 218 ff. StGB in ein „Lebensschutzgesetz",

● in das auch die sonstigen Regelungen, die den Lebensschutz betreffen (Sexualaufklärung und Verhütungsberatung; Sozialleistungen: Erhöhung des Kindergeldes, Ausweitung des Erziehungsgeldes, Verbesserung der Kinderbetreuung etc.; bessere Pflichtberatung) aufgenommen werden sollen.

Der entscheidende Unterschied zur Indikationsregelung besteht darin, daß die Indikationen allein der *„Gewissenent-*

scheidung" der Frau (vgl. dazu Punkt 15 und 43) unterliegen sollen. Eine gerichtliche Überprüfung soll ausgeschlossen sein. Der angebliche „dritte Weg" ist somit im Kern ebenfalls eine Fristenregelung, da die Indikationen nur noch auf dem Papier stehen und es letztendlich allein auf die subjektive Entscheidung der Frau ankommt. Wie unbrauchbar dieser Vorschlag schon vom Ansatz her ist, zeigt ein Vergleich mit irgendeinem anderen Straftatbestand: Wie wäre es, etwa die Vorschriften des Strafgesetzbuches zur Körperverletzung dahingehend zu „reformieren", daß der Täter selbst darüber entscheiden kann, ob seine Tat strafbar ist oder nicht?

Als Unterschied zu den Vorschlägen von FDP und SPD (siehe Punkt 43) bleiben die Elemente „Verfassungszusatz" und „Lebensschutzgesetz".

● Ein *Verfassungszusatz*, der ausdrücklich das Recht auf Leben von ungeborenen, behinderten oder sterbenden Menschen nennen würde, wäre als Klarstellung der ohnehin geltenden Rechtslage (Art. 2 Abs. 2 Satz 1 GG, Art. 1 GG) wünschenswert. Das Bewußtsein der Menschen für die Unantastbarkeit des menschlichen Lebens könnte hierdurch unter Umständen geschärft werden. Der unüberbrückbare Widerspruch, der zwischen einer deklaratorischen „Unantastbarkeit des Lebens" in der Verfassung und einer nur der „Gewissensentscheidung" der Frau anheim gestellten Freigabe der Tötung ungeborener Menschen in den ersten Lebensmonaten besteht, würde mit dem vorgeschlagenen Zusatzartikel für das Grundgesetz aber nur noch stärker hervortreten. Könnte man sich neben diesem Lebensschutzartikel in der Verfassung dann auch eine Regelung vorstellen, die die Tötung behinderter Menschen nach Beratung und „Gewissensentscheidung" ermöglicht? Formale Erklärungen zum Lebensschutz oder zur rechtlichen Mißbilligung von Tötungshandlungen reichen nicht aus (BVerGE S. 55). Deshalb kann die von Rita Süssmuth in die Diskussion gebrachte Grundgesetzänderung die Verfassungswidrigkeit einer Regelung, die das Leben des ungeborenen Kindes letztlich der ungeprüften Entscheidung der Schwangeren ausliefert, nicht aufheben.

Unter diesen Umständen kann der Verfassungszusatz auch keine bewußtseinsbildende Wirkung haben. Es würde vielmehr der Eindruck entstehen, daß auch die wichtigsten Grundrechte durch einfache Gesetze weitgehend ausgehöhlt werden dürften. Dies würde den Wert des Grundgesetzes und der Grundrechte insgesamt mindern.

● Das *„Lebensschutzgesetz"* soll neben den bereits bestehenden Regelungen weitere soziale Hilfen enthalten. Daß eine Ausweitung von Hilfen den Strafrechtsschutz nicht überflüssig macht, wurde schon mehrfach dargelegt (vgl. Nr. 8 und 36 jeweils am Ende, sowie Nr. 43; bzgl. des Schutzwertes von Beratung und Verhütungsaufklärung siehe Punkt 31 und 37). Als neuer Gesichtspunkt bleibt deshalb nur die formale gesetzestechnische Zusammenfassung von „lebensschützenden" Maßnahmen . Diese treffen jedoch mit den Bestimmungen über die generelle Straflosigkeit (aufgrund eigener Entscheidung) in den ersten drei Schwangerschaftsmonaten zusammen, so daß von einer solchen Zusammenfassung ebenfalls kein bewußtseinsbildender Effekt ausgehen kann.

Das Konzept von Frau Süssmuth läßt in der Vernachlässigung des Strafrechtsschutzes keinen Unterschied zu den FDP- oder SPD-Vorschlägen erkennen (vgl. Punkt 43). Somit ist der Verpflichtung des Staates, mit allen zur Verfügung stehenden Mitteln den Schutz des ungeborenen Kindes zu gewährleisten, nicht genüge getan. Der „dritte Weg" entpuppt sich bei näherer Analyse als Etikettenschwindel. Nur die Fassade einer Indikationsregelung soll noch aufrechterhalten bleiben. Positive Ansätze und Begriffe ("Verfassungszusatz", „Lebensschutzgesetz") verschleiern eine verfassungswidrige Schutzlosstellung des ungeborenen Kindes.

Indikationsregelung verbessern und mit Hilfen kombinieren!
Bevor man im Zuge einer gesamtdeutschen Neuregelung

den strafrechtlichen Schutz der ungeborenen Kinder gänzlich aufgibt, sollten zuerst die Mängel der Indikationsregelung (vgl. Punkt 25 ff.) beseitigt werden. Die Rechtswidrigkeit der vorgeburtlichen Kindestötung muß deutlich aus dem Gesetz hervorgehen und wieder Eingang in das Bewußtsein der Menschen finden. Daneben können und müssen flankierend familienpolitische Maßnahmen ergriffen werden, die alle im Sozialsystem versteckten ökonomischen Benachteiligungen des Kinderhabens beseitigen und zur Stärkung der Elternverantwortung beitragen. In der Schwangerenberatung muß wirkungsvolle Hilfe angeboten werden können und das Ziel, das Leben des Kindes zu bewahren, oberstes Gebot sein. Schon im Schulunterricht und bei sonstigen öffentlichen Aufklärungsmaßnahmen ist auf ein verantwortliches Sexualverhalten hinzuwirken, das nicht die Tötung des eigenen Kindes als letzte Möglichkeit der „Notfallverhütung" in Kauf nimmt.

Man muß den strafrechtlichen Schutz des ungeborenen Kindes nicht aufgeben, um das Bewußtsein für den Lebensschutz stärken und Frauen in Notlagen helfen zu können. Deshalb ist eine praktikable Indikationsregelung, die auch tatsächlich angewendet wird, kombiniert mit bewußtseinsbildenden und familienpolitischen Maßnahmen der gegenwärtig beste Weg, um im vereinigten Deutschland einen effektiven Lebensschutz zu schaffen.   (be)

„Entscheidungsmonopol für Frauen"   (45)

„Die Männer sollten sich aus der ganzen Diskussion heraushalten, da sie sich nicht in die Situation einer Frau hineindenken können. Sie sollten die Frauen, oder wenigstens die Politikerinnen über die Abtreibungsregelung entscheiden lassen."

Vernunftargumente sind nicht geschlechtsspezifisch

In der Abtreibungsdiskussion stehen sich nicht Männer und Frauen als Gegner gegenüber, wobei angeblich „die Männer" *gegen* und „die Frauen" *für* die Erleichterung der Abtreibungsmöglichkeiten sind.

Viele Männer sind für Abtreibung, weil sie dann in risikoloser Weise über die Frau als Sexualobjekt verfügen können, da sie die möglichen Folgen des Geschlechtsverkehrs bequem „beseitigen" lassen können. Das volle körperliche und seelische Risiko der Abtreibung wälzen sie auf die Frau ab.

Das Abtreibungsverbot, angeblich von „den Männern" zur „Unterdrückung der Frau" geschaffen, ist nicht frauenfeindlich. Es ist *menschenfreundlich*, denn es bezweckt den Schutz aller ungeborener Menschen, der männlichen wie der weiblichen. Die bestehenden Gesetze zielen auch gar nicht in erster Linie auf die Bestrafung der Frau (diese ist nur in sehr geringem Umfang strafbar). Die Väter der ungeborenen Kinder sind in vollem Umfang in die Strafbarkeit miteinbezogen, soweit sie als Anstifter oder durch Beihilfe an der vorgeburtlichen Kindestötung mitwirken. Eine Privilegierung für Männer kennt das Strafrecht nicht. Faktisch ist die Tatbeteiligung des Vaters allerdings häufig schwer nachzuweisen.

Daß die Trennungslinie zwischen Abtreibungsgegnern und -befürwortern nicht zwischen Männern und Frauen verläuft, zeigt auch schon die Tatsache, daß an der Spitze großer Lebensrechtsgruppen Frauen stehen und besonders Frauen sich um echte Hilfe für Schwangere in Not bemühen, um so auch das Leben der ungeborenen Kinder zu erhalten. Daneben gibt es Initiativen von Frauen, die sich aus ihren eigenen Erfahrungen mit der Abtreibung heraus für den Schutz von Müttern und Kindern einsetzen und versuchen, Frauen vor der leidvollen Erfahrung der Tötung des eigenen Kindes zu bewahren.

Was die politische und ethische Diskussion über den Problembereich Abtreibung betrifft, ist eine „frauenspezifische Alleinentscheidungskompetenz" genauso abzulehnen wie eine „männerspezifische" in irgendeinem anderen Bereich. Besondere Betroffenheit ist keine Garantie dafür, daß richtige Entscheidungen getroffen werden. Wichtige Gegenargumente werden gerade von persönlich Betroffenen leicht übersehen oder ihnen wird unverhältnismäßig wenig Gewicht beigemessen. Gerade in grundsätzlichen, die Menschenwürde und das Lebensrecht des Menschen betreffenden Fragen gibt es keine geschlechtsspezifische Kompetenz.

In der Abtreibungsfrage muß es auf die Qualität der Argumente ankommen und nicht auf das Geschlecht des Diskussionspartners. Wenn einzelne Frauen oder Frauengruppen das Alleinentscheidungsrecht für sich reklamieren und eine Diskussion mit Männern über die Abtreibungsfrage nur wegen ihres Geschlechts ablehnen wollten, wäre dies ein Hinweis darauf, daß sie wenig Vertrauen in die Überzeugungskraft der eigenen Argumente haben.

Im übrigen darf man auch die weiblichen Abgeordneten nicht unbedingt mit „den Frauen" gleichsetzen. Umfrageergebnisse zeigen, daß die Einstellung der Politikerinnen in der Abtreibungsfrage nicht mit der der Frauen übereinstimmt. Während eine überwältigende Mehrheit unter den weiblichen Parlamentarierinnen in Bonn eine Fristenregelung favorisierte, sprach sich im Sommer 1990 eine relative Mehrheit der Frauen in der Bundesrepublik (41 Prozent) für die Beibehaltung der Indikationslösung für ganz Deutschland aus. Nur 37 Prozent wollten eine Fristenregelung. (be)

„Unflexibles Adoptionsrecht" (46)

„Das unflexible und restriktive Adoptionsrecht verhindert, daß mehr Kinder ausgetragen und zur Adoption freigegeben werden."

Änderungen im Adoptionsrecht sind kein Ausweg

Das geltende Adoptionsrecht ist, was die Möglichkeit der *Freigabe zur Adoption* betrifft, nicht zu beanstanden. Zum Schutz vor übereilten Entschlüssen kann die freigebende Mutter erst acht Wochen nach der Geburt des Kindes eine endgültig bindende Adoptionsfreigabeerklärung abgeben (§ 1747 Abs. 3 BGB). Auch wenn sie vor der Geburt eine Adoptionsfreigabe beabsichtigt hatte, kann sie sich innerhalb dieser Frist noch entschließen, das Kind zu behalten. Diese Regelung ist sowohl dem Interesse der Mutter, sich doch noch für ein Zusammenleben mit ihrem Kind entscheiden zu können, als auch dem Interesse der potentiellen Adoptiveltern an baldiger Klarheit über die rechtliche Zugehörigkeit des Kindes angemessen. Daß nur sehr wenige Kinder zur Adoption freigegeben werden, liegt nicht am Adoptionsrecht, sondern daran, daß nur wenige Frauen die Adoptionsfreigabe einer Abtreibung vorziehen.

In gewissem Umfang liegt die Ursache der mangelnden Bereitschaft zur Adoptionsfreigabe darin, daß „freigebende Mütter" in der gesellschaftlichen Wirklichkeit mit einer stärkeren Diskriminierung zu rechnen haben, als Frauen, die abgetrieben haben. Abtreibungen werden offenbar weit mehr als „Lösungsweg" für Konfliktschwangerschaften akzeptiert, als die Freigabe des Kindes zur Adoption. Die Adoptionsfreigabe scheint aus der Sicht der Frauen viel problematischer zu sein: beim Austragen der Schwangerschaft ist es praktisch nicht zu vermeiden, daß die soziale Umgebung registriert, daß ein Kind zunächst „unterwegs", nach der Geburt aber nicht mehr da ist; man kommt deswegen „ins Gerede"; das Austragen selbst ist eine körperliche und – mit dem Gedanken an die Adoptionsfreigabe – auch eine seelische Belastung. Auf der anderen Seite ist aber festzuhalten, daß Abtreibungen zwar unauffällig und schnell durchgeführt werden können, daß sie aber keineswegs ungefährlich (siehe Punkt 19) und psychisch belastender als eine Adoptionsfreigabe sind (vgl. Punkt 17). Vor allem aber muß betont werden, daß jede Abtreibung eine *Tötungshandlung* darstellt. Deshalb ist eine Abtreibung keine vertretbare Alternative zur Adoptionsfreigabe des Kindes. Der fundamentale Wertunterschied zwischen der vorgeburtlichen Kindestötung durch Abtreibung und der notgedrungenen Freigabe des Kindes zur Adoption muß stärker verdeutlicht werden. (be)

„Humane Abtreibungspille entschärft das Problem" (47)

„Durch die Erfindung der sanften Abtreibungspille RU 486 könnte die belastende Situation eines Schwangerschaftsabbruchs für die Frau spürbar gemildert werden. Sie sollte deshalb sobald wie möglich auch in Deutschland eingeführt werden."

Gefährliche Privatisierung des Abtreibungsgeschehens

Das in Frankreich entdeckte und bis zur neunten Schwangerschaftswoche anwendbare chemische Abtreibungsmittel RU 486 führt in Verbindung mit Prostaglandinen in 96 Prozent der Anwendungsfälle zur Ausstoßung des ungeborenen Kindes aus der Gebärmutter. Durch diese medikamentöse Durchführung der Abtreibung wird die ethische Bewertung des Vorgangs nicht berührt. Die vorgeburtliche Tötung ungeborener Kinder durch diese neue Methode ist genauso verwerflich, wie jede andere Form der Abtreibung (zu den unterschiedlichen Methoden vgl. Punkt 11).

Die Anwendung von RU 486 birgt aber darüberhinaus spezifische Gefahren, auf die aufmerksam gemacht werden muß. Es könnte zu einer völligen und unkontrollierbaren „Privatisierung" des Abtreibungsgeschehens kommen. Während die anderen Abtreibungsmethoden die Mitwirkung eines Arztes erfordern und somit eine gewisse soziale und auch verwaltungstechnische Kontrolle theoretisch möglich ist, könnte die bloße Einnahme von RU 486 durch die Frau allein durchgeführt werden. Angesichts möglicher Nebenwirkungen und Komplikationen muß vor solchen Selbstversuchen gewarnt werden. Die medizinischen Risiken könnten aber von zahlreichen Frauen in Kauf genommen werden, um jegliche gesetzlichen Schutzvorschriften zu umgehen, oder künftig durch eine „Verbesserung" des Mittels überwunden werden. Sollte RU 486 erst einmal auch in den westlichen Bundesländern Deutschlands auf dem Markt sein (in den Ländern auf dem Gebiet der ehemaligen DDR wird das Mittel bereits in begrenztem Umfang eingesetzt), wird die Kontrolle über den Vertrieb kaum so lückenlos sein, daß das Entstehen eines Schwarzmarktes verhindert werden könnte. Wegen der rein medikamentösen Dareichungsform könnte das Mittel Schwangeren sogar gegen ihren Willen verabreicht werden.

Ob Frauen, die ihr Kind mit Hilfe von RU 486 beseitigen wollen, tatsächlich eine „sanftere" Form der Abtreibung erleben würden, hinge neben den noch bestehenden rein körperlichen Risiken davon ab, wie sie die psychische Belastung der alleinigen Verantwortlichkeit für ihr Tun verarbeiten können. Kurzschlußhandlungen ohne eingehende Beratung in einer Zeit hormoneller Umstellung könnten verstärkt auftreten und zu langfristig gravierenden psychischen Schäden führen (vgl. Punkt 19).

RU 486 ist in einigen Presseberichten auch „pränatales Zyklon B" genannt worden. Das ist gerade für die Muttergesellschaft der französischen Herstellerfirma, den deutschen Hoechst-Konzern, unangenehm, da Hoechst eine der Nachfolgefirmen der ehemaligen IG-Farben ist, deren Produkt „Zyklon B" im Dritten Reich zur Vergasung von Juden eingesetzt worden ist. Die beabsichtigte Assoziation mit dem Begriff „Zyklon B" ist berechtigt. Nicht nur die Tötung von Menschen ist vergleichbar, sondern auch der dem Tötungsmittel innewohnende Charakter des Masseneinsatzes. Schnell und gründlich wirkend, billig zu produzieren und in beliebiger Menge einsetzbar – mit einem

Wort: die technisch „saubere" (End-)Lösung zur Beseitigung nicht erwünschten, nicht geduldeten Lebens. RU 486 ist kein „Arzneimittel", sondern ein Menschenvertilgungsmittel.

Diese Bewertung von RU 486 bedeutet nicht, in Not geratene Frauen, die dieses Mittel anwenden, auf die gleiche Stufe mit Hitler oder seinen Helfershelfern zu stellen. Der Grad der persönlichen Schuld, den eine Frau, die ihr Kind abtreibt, auf sich lädt, kann sehr unterschiedlich sein. In manchen Fällen sollte sich kein Sterblicher anmaßen, ihn beurteilen zu können. Die Tötung des ungeborenen Kindes bleibt aber objektives Unrecht, das nicht unterstützt oder gefördert werden darf. Es gilt, die Probleme von schwangeren Frauen zu beseitigen, nicht die ungeborenen Kinder. Ein Unternehmen aber, das es duldet, daß eine seiner Tochterfirmen seine wissenschaftlichen Kapazitäten zur Optimierung eines Tötungsmittels einsetzt, ein Unternehmen, das sein Potential als Weltkonzern zur Weiterverbreitung dieses Mittels verwendet und gewinnorientiert neue Absatzmärkte für RU 486 sucht, ein solches Unternehmen muß sich unangenehme Vergleiche gefallen lassen.   (be)

„Angst um die Renten und den Erhalt des deutschen Volkes "   (48)

„Den selbsternannten 'Lebensschützern' geht es in Wirklichkeit gar nicht um die ungeborenen Kinder. Sie wollen nur den Bestand des deutschen Volkes und die Sicherheit der Renten erhalten."

Schutz individueller Rechtsgüter

Es ist nicht zu leugnen, daß ein Bevölkerungsrückgang in den europäischen Staaten zu verzeichnen ist und daß eine praktische Folge hiervon der Zusammenbruch der sozialen Sicherungssysteme, insbesondere der Rentenversicherung, sein kann. Manche sehen in einer Reduzierung der Abtreibungszahlen ein Mittel, um diese Entwicklung aufzuhalten.

Die Bevölkerungsentwicklung und damit die Probleme in der Rentenversicherung stehen aber nicht in einem notwendigen Zusammenhang mit dem Abtreibungsverhalten der Menschen. Zu einem Rückgang der Bevölkerung kann es auch kommen, wenn alle Bürger sich konsequent an das Tötungsverbot halten. Durch die verbreitete Anwendung echter Verhütungsmittel, vermehrte Sterilisationen oder auch sexuelle Enthaltsamkeit kann ein geändertes Fortpflanzungsverhalten zu einer niedrigeren Bevölkerungszahl führen. Andererseits könnte die Rentenversicherung durch ausreichende Geburtenzahlen auch dann saniert werden, wenn weiterhin Abtreibungen zu beklagen sind.

Wer das gegenwärtige Rentenversicherungssystem aufrechterhalten will, das allein darauf basiert, daß eine nachfolgende Generation künftig die Renten der heute Erwerbstätigen finanziert, muß sich Gedanken darüber machen, wie die Geburtenrate erhöht werden kann. Dabei kann die hohe Abtreibungszahl eine Rolle spielen, sie kann und darf aber nicht der maßgebliche Ansatzpunkt für gesellschaftspolitische Maßnahmen sein. Letztlich kann niemand zum Kinderzeugen gezwungen werden. Sinnvoll wäre es, die wirtschaftliche Situation von Familien so zu gestalten, daß sie gegenüber Kinderlosen, die zur Zukunftssicherung der Renten keinen Beitrag leisten (die finanziellen Beiträge zur Rentenversicherung werden sofort für die Rentenzahlung der heute Rentenberechtigten ausgegeben), nicht mehr schlechter gestellt sind. Es ist zu vermuten, daß dann der in der heutigen Generation laut Umfragen noch sehr starke Kinderwunsch zeitlich früher und insgesamt auch öfter verwirklicht würde.

Rentenproblematik und Bevölkerungsrückgang sind ernstzunehmende Fragen, die gewisse Bezüge zur Abtreibungsproblematik aufweisen, weil sehr hohe Abtreibungszahlen zu beklagen sind. Keine der Lebensschutzinitiativen sieht es aber als ihre Aufgabe an, zur Sicherung der Renten oder zum Erhalt des deutschen Volkes beizutragen. Die alleinige

Motivation derer, die sich für einen konsequenten Schutz des menschlichen Lebens von der Zeugung bis zum Tod einsetzen, ist die Achtung vor der unantastbaren und unveräußerlichen Menschenwürde jedes einzelnen Menschen. Die Verknüpfung der Probleme in der Rentenversicherung mit der Abtreibungsfrage verschiebt den Blickpunkt vom individuellen Rechtsgüterschutz hin zu einem reinen Mengenproblem. Menschenleben sind aber nicht quantifizierbar. Jeder Mensch ist einzigartig und gleich wertvoll. Auch wenn die Abtreibungszahlen sich in Kürze halbieren würden, dürfte im Kampf um jedes einzelne Menschenleben, das von Abtreibung bedroht ist, nicht nachgelassen werden.

Wer die praktische Arbeit in den zahlreichen örtlichen und überregionalen Lebensrechtsinitiativen kennt, kann die Behauptung, daß es den Lebensschützern nicht um das Leben der ungeborenen Kinder ginge, nur als bösartige Diffamierung zurückweisen. In zahllosen Fällen wurde und wird schwangeren Frauen in Not auf selbstlose, unbürokratische und mitmenschliche Weise geholfen. (be)

„Embryonenschutz nur bei Reagenzglasbefruchtung" (49)

„Der Schutz von Embryonen außerhalb des Mutterleibes vor Eingriffen des Forschers ist anders zu beurteilen, als die Frage des Schwangerschaftsabbruchs. Während die Forschungsinteressen die Verwendung von Embryonen zu Forschungszwecken nicht rechtfertigen können, ist die Selbstbestimmung der Schwangeren in einer Notlage vorrangig gegenüber dem Schutz des werdenden Lebens."

Schutz innerhalb und außerhalb des Mutterleibes notwendig

Der Schutz menschlicher Embryonen bei künstlichen Befruchtungsverfahren außerhalb des Mutterleibes („In-vitro-

Fertilisation", „Reagenzglasbefruchtung") wird über die Parteigrenzen hinweg von allen politischen Kräften gefordert. Gemäß Paragraph 219 d StGB setzt der strafrechtliche Schutz des ungeborenen Kindes erst nach dem Abschluß der Einnistung des Embryos in die Gebärmutterschleimhaut (14. Entwicklungstag) ein. Bei den neuen extrakorporalen Befruchtungsverfahren ist der Embryo aber gerade in den ersten Tagen seiner Entwicklung besonders gefährdet, da er außerhalb des Mutterleibes dem unmittelbaren Zugriff des Forschers ausgesetzt ist. Deshalb wurde ein Gesetz erarbeitet, das bereits ab der Verschmelzung von Ei- und Samenzelle den Embryo im Reagenzglas durch verschiedene Strafvorschriften schützt (Embryonenschutzgesetz). Während etwa die Grünen diese Strafvorschriften unterstützten, das Gesetz ihnen sogar noch nicht weit genug ging, forderten sie gleichzeitig die völlige Streichung der strafrechtlichen Schutzvorschriften in Bezug auf das ungeborene Kind, das sich im Mutterleib natürlich entwickelt. Dieses Verhalten ist irrational und in sich widersprüchlich.

Der Schutz menschlichen Lebens ist unteilbar. Weder das „Selbstbestimmungsrecht" der Mutter (siehe Punkt 14), noch die Interessen von Forschern dürfen höher bewertet werden, als das Recht auf Leben des ungeborenen Kindes. Die Art der Entstehung (künstlich oder natürlich) und der Ort, an dem sich ein Lebewesen befindet (innerhalb oder außerhalb des Mutterleibes), ändern nichts an seinem Wesen und seinen fundamentalen Rechten. Dem menschlichen Embryo kommt als Frühform des Menschen dasselbe Recht auf Leben zu, wie den aus ihm hervorgegangenen späteren menschlichen Entwicklungsstadien (siehe Punkt 1 ff.). Eine Differenzierung nach der Art und Weise oder dem Ort seiner Entstehung wäre willkürlich und unzulässig. Die Vernichtung oder Schädigung von menschlichen Embryonen ist innerhalb und außerhalb des Mutterleibes gleichermaßen verwerflich. In seinen gesetzlichen Regelungen muß der Gesetzgeber beides als Unrecht kennzeichnen. Bei der Auswahl der erforderlichen Sanktionen und der Höhe des Strafmaßes kann der Gesetzgeber aber subjektive Beweggründe und andere täterbezogene Umstände für eine differenzierte Ausgestaltung der Schutzmaßnahmen heranziehen.

Unabhängig von notwendigen Schutzvorschriften gegen die mißbräuchliche Anwendung von Fortpflanzungstechniken, bestehen erhebliche Bedenken gegen die Zulässigkeit der In-vitro-Fertilisation als solcher. Von kirchlicher Seite wird die technische Erzeugung menschlichen Lebens generell als Verletzung der Integrität des personalen Zeugungsaktes zweier sich liebender Personen kritisiert. Aus medizinisch-psychologischer Sicht besteht der Haupteinwand darin, daß die In-vitro-Fertilisation auf technischem Weg Leiden bekämpfen will, die oft nicht in biologischen Defekten, sondern in psychischen Fehlhaltungen wurzeln. Die Erzeugung eines Kindes wird so zum Mittel der Therapie degradiert. In höchstem Maße bedenklich ist auch, daß bei Reagenzglasbefruchtungen die Abtreibungsquote im Vergleich zur natürlichen Zeugung noch einmal steigt, da hier die Geburt behinderter Kinder um jeden Preis vermieden werden soll. „Kinder auf Bestellung" werden somit in besonderer Weise einer inhumanen „Qualitätskontrolle" unterworfen. Aus juristischer Sicht schließlich ist zu beanstanden, daß der Laborarzt oft genug über das von ihm gezeugte menschliche Leben verfügt, indem er viele „Selektionsprozesse" durchführt und dabei in der Praxis auch die Tötung „überzähliger" oder kranker Embryonen in Kauf nimmt. Nach den Vorschriften des Embryonenschutzgesetzes läßt der Gesetzgeber auch die Verwendung ehefremden Samens zu. Er toleriert damit anonyme Vaterschaften, die für das Kind zu negativen entwicklungspsychologischen Folgen führen können, deren Umfang noch nicht absehbar ist. Letztlich fehlt es auch an einer ausreichenden Kontrolle der Ärzte, die Reagenzglasbefruchtungen durchführen, und somit auch insgesamt an Kontrollmöglichkeiten für den Umgang mit menschlichen Embryonen. (kl/be)

114

„Manipulation durch Sprache" (50)

„Kindesabtreibung gibt es nicht. Es gibt Abtreibung einer Leibesfrucht, den Schwangerschaftsabbruch, die Entfernung von Embryonalgewebe."
(Aus einem Leserbrief im „Spiegel" von einem Mitarbeiter der „Pro Familia" Saarbrücken.)

Klares Bewußtsein durch Verwendung richtiger Begriffe

Schon durch die Begriffswahl kann eine bestimmte Einstellung zur Abtreibung deutlich werden. In einer aufrichtig geführten sachlichen Auseinandersetzung sollten falsche, mißverständliche und unklare Begriffe vermieden und sachlich zutreffende Begriffe verwendet werden:

● *„Schwangerschaftsunterbrechung"*:
Die Schwangerschaft wird nicht nur unterbrochen, da sie nicht wieder fortgesetzt werden kann. Sie wird endgültig abgebrochen.

● *„Schwangerschaftsabbruch"*:
Der vom Gesetz in den Paragraphen 218 ff. StGB verwendete Begriff „Schwangerschaftsabbruch" beschreibt nur einen Teil des tatsächlichen Geschehens: die Schwangerschaft wird abgebrochen. Gleichzeitig wird aber bei jeder Abtreibung auch das ungeborene Kind getötet. Dieser Sachverhalt wird verschwiegen. Er macht den eigentlichen Kern des Problems aus (siehe auch Punkt 13).

● *„Ausräumung des Gebärmutterinhalts"*, *„Entfernung von Embryonalgewebe"*:
Durch diese Wendungen schützen sich u.a. Abtreiber vor den psychischen Belastungen ihres Tuns: es wird verschleiert, daß ein (im Mutterleib heranwachsender) Mensch getötet wird.

● *„Abtreibung"*:
Diesem Begriff lag ursprünglich die Vorstellung zugrunde,

daß etwas aus einem seinen Schutz bezweckenden umhegten Bereich fortgeschafft wird, was auf den Viehabtrieb und die „Abtreibung der Leibesfrucht" gleichermaßen zutrifft. Heute wird der Begriff für sich allein nur noch in der letztgenannten Wortbedeutung verstanden. Wegen des zutreffenden Begriffskernes ist „Abtreibung" ein Ausdruck, der in der Diskussion sehr verbreitet ist. Er ist aber auch mit einer gewissen Unklarheit behaftet, da das ungeborene Kind als unmittelbar betroffener Rechtsträger nicht ausdrücklich genannt wird. Dieses Defizit sollte deshalb in Zusammenhang mit der Verwendung des Begriffs „Abtreibung" durch entsprechende Klarstellungen ausgeglichen werden.

- *„Mord":*

Soweit hiermit die moralische Verwerflichkeit der Abtreibung zum Ausdruck gebracht werden soll, ist die Verwendung dieses Begriffes verständlich. Aus verschiedenen Gründen sollte er aber vermieden werden: Zum einen entstehen häufig unfruchtbare Diskussionen über den strafrechtlichen Tatbestand des Mordes (§ 211 StGB), der nun einmal von dem der Abtreibung verschieden ist und das Vorliegen bestimmter einzelner Voraussetzungen erfordert, die nicht in jedem Fall bei einer Abtreibung gegeben sein müssen. Zum anderen wird psychologisch die Gesprächs- und Aufnahmebereitschaft des Gegenübers blockiert, da sich niemand gerne als tatsächlichen oder potentiellen Mörder bezeichnen läßt. Der Schuldvorwurf der *vorsätzlichen* Tötung, der dem Begriff des Mordes anhaftet, ist ebenfalls problematisch, da durch falsche Darstellung in den Medien und mangelnde Aufklärung in vielen Fällen der vorgeburtlichen Kindestötung „nur" von Fahrlässigkeit gesprochen werden kann.

- *„Holocaust", „Embryocaust":*

Mit diesen Begriffen werden Elemente der Abtreibungsrealität angesprochen, die mit der Judenvernichtung im Dritten Reich vergleichbar sind (Tötung von Menschen, in großer Zahl). Es gibt aber auch Unterschiede: die Judenvernichtung erfolgte aufgrund gezielter staatlicher Planung, ihr Unrechtscharakter war offensichtlicher als es bei Abtreibungen der Fall ist und sie beruhte auf einem ganz bestimmten ideologischen Rassenwahn. Aufgrund dieser Gesichtspunkte sollte der Gebrauch der Begriffe „Holocaust" bzw. „Embryocaust" vermieden werden. Sie erwecken zudem Emotionen, die eine argumentative Auseinandersetzung nahezu unmöglich machen. Es ist aber sicher nicht unberechtigt, wenn in sachlicher Weise auf die vergleichbaren Elemente der Judenvernichtung und der Massenabtreibung hingewiesen wird.

● *„Embryo", „Fötus"*:
Diese rein medizinischen Termini für unterschiedliche Entwicklungsstadien des ungeborenen Kindes sagen nichts über die Menschqualität aus. Sie werden häufig dazu verwendet, dem ungeborenen Kind bewußt einen „neutralen" Status zu verleihen, der das „Menschsein von Anfang an" verschleiern soll.

● *„Leibesfrucht"*:
Dieser – in Anlehnung an den früheren Tatbestand des Paragraph 218 StGB – vor allem von Juristen noch verwendete Begriff nährt die Vorstellung, daß es sich beim ungeborenen Kind in gewissem Sinne um „vegetatives", also nicht voll menschliches Leben handelt. Er hat größte Verbreitung gefunden, als Ende des 19. und Anfang des 20. Jahrhunderts viele nach dem angeblichen „biogenetischen Grundgesetz" Ernst Haeckels glaubten, der Mensch mache in seiner Individualentwicklung nichtmenschliche Entwicklungsstadien durch (siehe Punkt 2). Ähnliche Vorstellungen sind auch schon in der Antike vertreten worden. Sie entbehren jedoch, wie die moderne Embryologie nachgewiesen hat, jeder Grundlage.

● *„Leben", „menschliches Leben"*:
Auch wenn man manchmal nicht um die Verwendung dieser Begriffe herumkommt, so sind sie doch nicht spezifisch genug, um das ungeborene Kind richtig zu bezeichnen. Schließlich sind auch teilungsfähige Gewebekulturen des Menschen „Leben" und „menschliches Leben". Bei der Abtreibung geht

es aber immer um einen konkreten Menschen, eine menschliche Person. Keine schwangere Frau sagt: „Ich erwarte ein Leben".

● *„Werdendes Leben"*:
Hier entsteht der Eindruck, als sei das Leben noch „im Werden", also noch nicht tatsächlich entstanden. Das ungeborene Kind ist aber in jeder Phase seiner Entwicklung bereits ein lebendiges menschliches Lebewesen.

Unter einem anderen Blickwinkel betrachtet könnte dieser Ausdruck bedeuten, daß das ungeborene Kind zwar Leben, aber noch nicht in seinem vollwertigen Endzustand sei. Die Menschqualität des ungeborenen und des geborenen Kindes ist aber gleich (BVerfGE S. 37 u. 59). Beide erreichen solange sie leben nie einen „Endzustand", sind also immer in gewissem Sinn „werdendes" Leben, da sich jeder Mensch in einem ständigen körperlichen und geistigen Entwicklungsprozeß befindet. Insofern wäre die Verwendung des Begriffs „werdendes Leben" allein für das ungeborene Kind auch eine falsche und unzulässige Differenzierung gegenüber dem geborenen Menschen.

● *„Schwangere", „Erzeuger"*:
Diese Begriffe sollten – wo es geht – vermieden werden, da sie nur an biologische Funktionen anknüpfen. Das umfassende Gefüge an Rechten und Pflichten, das mit der Zeugung eines neuen Menschen zwischen diesem und seinen „Erzeugern" entsteht, wird zutreffender mit den Worten „Mutter", „Vater" und „Eltern" ausgedrückt.

● *„Werdende Mutter"*:
Dieser Ausdruck stammt aus einer Zeit, als das Wissen um die vorgeburtliche Entwicklung des Menschen noch sehr gering war. Es gilt analog das oben Gesagte zu „werdendes Leben". Mit der Zeugung des Kindes *ist* die Frau Mutter. Gerade durch die umfassenden Vorsorgeuntersuchungen während der Schwangerschaft und die jüngsten Erkenntnisse der pränatalen Psychologie haben Frauen heute die Möglichkeit, ihre Aufgaben als Mutter schon vor der Geburt des Kindes

stärker wahrzunehmen. Der Ausdruck „werdende Mutter" ist aber umgangssprachlich weit verbreitet und wird in der Regel in einem positiven Sinn verwendet. Er ist insoweit unproblematisch.

● *„Liberalisierung des Abtreibungsstrafrechts", „liberale Regelung"*:
Zum Gebrauch des Begriffs „Liberalisierung" für die Erleichterung von Unrecht und die Kennzeichung von lebensgefährdenden Regelungen als „liberal" siehe Punkt 41. Soweit man diese Begriffe nicht vermeiden kann, sollte z.B. durch Anführungsstriche kenntlich gemacht werden, daß sie ihrem eigentlichen Wortsinn nach hier in einem falschen Zusammenhang verwendet werden.

● *„Legaler", „erlaubter", „zulässiger Schwangerschaftsabbruch"; „Recht auf Abtreibung", „gerechtfertigte Abtreibung"*:
Da jede Abtreibung gegen das Recht auf Leben (Art. 2 Abs. 2 Satz 1 GG) verstößt, ist sie nicht rechtmäßig und somit auch nicht erlaubt (siehe Nr. 29). Sie ist auch nicht „legal" (= dem Gesetz gemäß), denn sie erfüllt zwar eventuell die Voraussetzungen für Straflosigkeit nach dem Strafgesetzbuch, verstößt aber weiterhin gegen ein – noch dazu höherrangiges – Gesetz, nämlich das Grundgesetz.
Da Abtreibungen nicht rechtmäßig sind, ist lediglich eine Straffreistellung möglich. Eine nach dem StGB nicht strafbare Abtreibung ist deshalb nicht „erlaubt", „zulässig", „genehmigt", „rechtmäßig" oder „gerechtfertigt", sondern im Einzelfall lediglich straflos oder – wie es im Gesetz zutreffend heißt – nicht strafbar.

● *„Entscheidung", „Entscheidungsfreiheit"*:
Eine „Entscheidung" setzt das Vorhandensein mehrerer zulässiger Handlungsalternativen voraus. Nach Beginn einer Schwangerschaft ist aber die Alternative „Tötung des ungeborenen Kindes" unzulässig. Das rechtliche Gebot ist auf die Fortsetzung der Schwangerschaft gerichtet. Die Entscheidung „ein Kind zu bekommen oder nicht" kann zu

diesem Zeitpunkt nicht mehr getroffen werden. Das Kind ist schon da (im Mutterleib). Ab jetzt besteht keine „Entscheidungsfreiheit" mehr, sie ist durch das Tötungsverbot beschränkt (siehe auch Punkt 14).

● *„Arzt":*
Soweit jemand ein ungeborenes Kind tötet, oder zu einer solchen Handlung beiträgt, ist er nicht als „Arzt" tätig, da es sich nicht um eine Heilbehandlung handelt. Schwangerschaft ist keine Krankheit und eine Tötungshandlung keine Heilbehandlung.
Ein „Arzt", der ungeborene Menschen im Widerspruch zum hippokratischen Eid tötet, ist ein Abtreiber.

● *„Indikation":*
"Indikation" kommt von lat. „indicare" (anzeigen). Eine Indikation ist somit im medizinischen Bereich eine „Heilanzeige", ein Umstand, der eine bestimmte Heilbehandlung als angezeigt (erforderlich) erscheinen läßt. Die Tötung eines Menschen ist aber keine Heilbehandlung und kann deshalb nicht medizinisch „angezeigt" sein.

● *„Abtreibungsfinanzierung", „Krankenkassenfinanzierung von Abtreibungen":*
Aufgrund des „Sachleistungsprinzips" der öffentlich-rechtlichen Sozialversicherung schuldet die Krankenkasse nicht nur die Finanzierung der Abtreibung, sondern die Abtreibung als Sachleistung selbst. Sie läßt diese Leistung durch ein kompliziertes System von kassenärztlichen Vereinigungen und Vertragsärzten durchführen. Der Staat und die von ihm errichteten öffentlich-rechtlichen Krankenkassen „finanzieren" die Abtreibungen nicht, sondern „der Staat tötet" (Prof. Josef Isensee).

Nach dieser Klärung der Begriffe ist deutlich geworden, daß in der Diskussion um die Abtreibung auch durch die gezielte Verwendung unzutreffender oder ungenauer Begriffe manipuliert wird. Folgende Ausdrücke treffen den Kern der Problematik am besten und sollten deshalb ausschließlich Verwendung finden:

Tötung des ungeborenen Kindes, vorgeburtliche Kindestötung, Abtreibung; ungeborener Mensch, ungeborenes Kind, Ungeborenes, noch nicht geborener Mensch; Mutter, Vater, Eltern; straflose bzw. nicht strafbare Abtreibung; Abtreibungsleistung der Krankenkasse, Abtreibung auf Krankenschein. (be/no)

Dokumentation

I. Datenmaterial zur Abtreibung

Die folgenden Zahlenangaben sind der amtlichen Statistik für die
elf alten Bundesländer entnommen (Statistisches Bundesamt, Fachserie 12 – Gesundheitswesen –, Reihe 3 – Schwangerschaftsabbrüche –, 1976 - 1989). Die Angaben der Position 9 wurden aus
der amtlichen Statistik errechnet. Für das Jahr 1976 erfaßt die Statistik nur den Zeitraum vom 1.7. bis 31.12.

1. Absolute Zahl der gemeldeten Abtreibungen:

1976	1977	1978	1979	1980	1981	1982	1983	1984	1985	1986	1987	1988	1989
13.044	54.309	73.548	82.788	87.702	87.535	91.064	86.529	86.298	83.538	84.274	88.540	83.784	75.297

Die tatsächliche Zahl der Abtreibungen liegt wesentlich höher als
die vom Statistischen Bundesamt bekanntgegebene. Siehe dazu
Stichwort Nr. 24 und die im Anschluß an die Statistik abgedruckten Erläuterungen.

2. Verteilung der Abtreibungen nach Indikationen:

(Prozent)	1976	1977	1978	1979	1980	1981	1982	1983	1984	1985	1986	1987	1988	1989
allg.-med.Ind.	37,8	29,8	22,9	20,8	20,1	17,6	16,7	14,3	12,0	11,1	9,9	9,0	8,9	7,8
psychatr. Ind.	10,8	7,7	5,0	3,4	2,8	2,9	2,6	2,2	1,4	1,6	1,5	1,4	1,3	0,9
eugenische Ind.	5,2	4,3	3,7	3,8	3,5	3,2	2,5	2,1	1,9	1,3	1,3	1,2	1,3	1,2
kriminol. In.	0,2	0,1	0,1	0,1	0,1	0,1	0,1	0,1	0,1	0,1	0,1	0,1	0,1	0,1
sonstige Notl.	44,9	70,6	70,6	70,6	72,2	74,8	76,9	80,2	83,3	84,3	85,8	86,8	86,8	88,2
unbekannt	1,1	1,3	1,3	1,3	1,3	1,4	1,2	1,1	1,3	1,7	1,5	1,5	1,6	1,8

3. Familienstand der Schwangeren (nur für das Jahr 1989):

	ledig	verheiratet	geschieden, sonstige
Prozent:	43,7	47,6	8,7

4. Alter der Schwangeren (nur für das Jahr 1989):

Von...bis unter...Jahren:	10-15	15-18	18-25	25-30	30-35	35-40	40-45	45-55	unbek.
Prozent:	0,1	2,2	27,2	26,4	20,4	15,4	6,5	1,0	0,8

5. Ort der Abtreibungen:

(Prozent)	1976	1977	1978	1979	1980	1981	1982	1983	1984	1985	1986	1987	1988	1989
Krankenhaus	94,9	84,9	76,8	68,1	65,1	60,1	56,0	49,9	43,5	37,8	33,9	33,8	29,6	26,9
Gynäkol. Praxis	5,1	15,1	23,2	31,9	34,9	39,9	44,0	50,1	56,5	62,2	66,1	66,2	70,4	73,1

6. Dauer der abgebrochenen Schwangerschaft (nur für das Jahr 1989):

Wochen:	unter 6	6 bis 8	8 bis 10	10 bis 13	13 bis 23	über 23	unbek.
Prozent:	7,7	36,1	34,9	15,1	1,7	0,1	4,3

7. Art des Eingriffs (nur für das Jahr 1989):

Abtreibungsmethode	Kürettage	Vakuumaspiration	medikamentös	sonstige,unbek.
Prozent:	22,1	75,1	1,9	0,9

8. Verteilung nach Ländern (nur für das Jahr 1989):

Land:	S.-Hol.	Hamburg	Nieders.	Bremen	NRW	Hessen	Rh.-Pf.	Ba.-Wü.	Bayern	Saarl.	Berlin
Prozent:	3,7	7,3	4,5	6,8	30,6	25,9	1,6	6,2	6,2	1,7	5,6
(Anteil der Landes-bevölkerung an der Gesamtbevölkerung im Jahr 1982)	(4,2)	(2,6)	(11,8)	(1,1)	(27,6)	(9,1)	(5,9)	(15,1)	(17,8)	(1,7)	(3,0)

9. Mehrfachabtreibende:

(Frauen, die vor dem aktuellen Schwangerschaftsabbruch mindestens schon einmal abgetrieben haben.)

	1976	1977	1978	1979	1980	1981	1982	1983	1984	1985	1986	1987	1988	1989
Prozent:	5,1	6,6	8,1	9,3	10,4	11,5	12,2	13,9	17,5	18,8	18,1	17,9	18,3	17,7

Die Angaben wurden aus Position 6 („Vorangegangene Schwangerschaften und deren Beendigung") der amtlichen Statistik errechnet. Die fehlenden Angaben ab „3 vorangegangene Schwangerschaften" wurden näherungsweise zu den jeweiligen Angaben bzgl. „1" bzw. „2 vorangegangene Schwangerschaften" ermittelt. Die tatsächliche Quote dürfte höher liegen als angegeben, da die Schätzungen bewußt am unteren Rand der möglichen Bandbreite angesetzt wurden und Frauen mit 7 oder mehr vorangegangenen Schwangerschaften nicht berücksichtigt wurden.

Nächste Seite:
Schaubild zur statistischen Verteilung der Indikationen.

Abtreibungen: Verteilung nach Indikationen

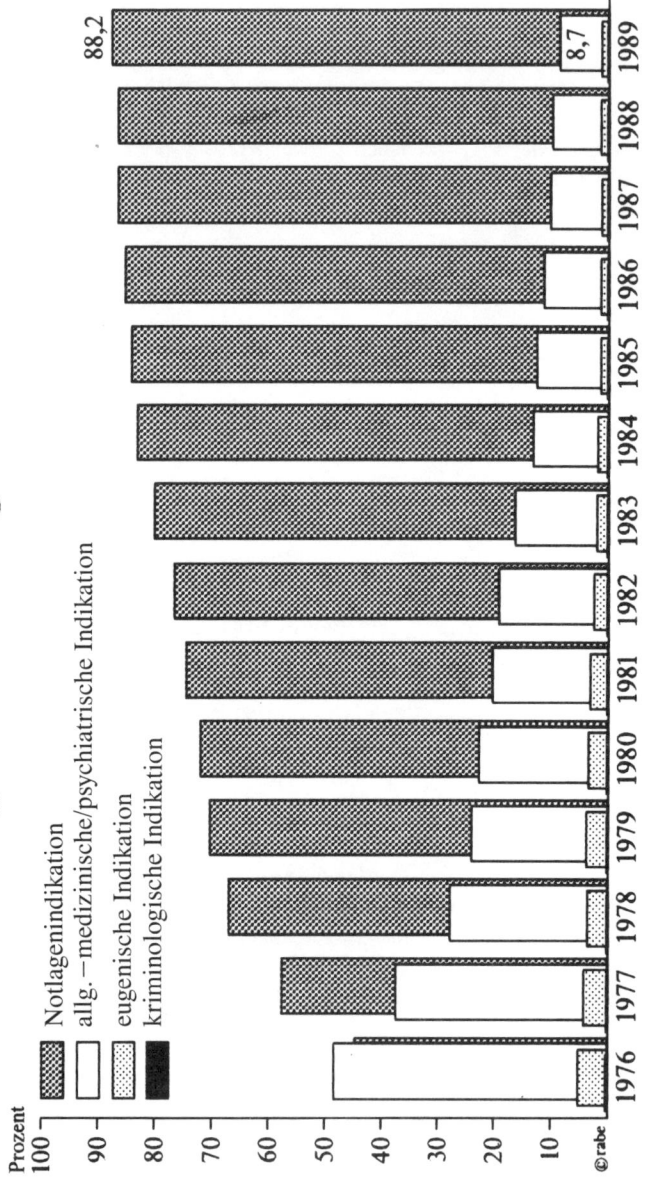

Erläuterungen zur Statistik

Jedes Jahr gibt das Statistische Bundesamt die im offiziellen Melde-verfahren festgestellte Zahl der Schwangerschaftsabbrüche bekannt. Der amtlichen Statistik zufolge werden seit 1978 jährlich zwischen 70.000 und 90.000 Schwangerschaftsabbrüche in der Bundesrepublik Deutschland durchgeführt. Wie seit Jahren bekannt ist, erfaßt die Statistik aber nur einen Teil der tatsächlich vorgenommenen Abtrei-bungen. Dieses Meldedefizit schlägt sich in den einführenden „Er-läuterungen zur Statistik" der veröffentlichten Ausgabe mit dem Hinweis nieder, daß „die Ergebnisse hinsichtlich ihrer Größenord-nung und Entwicklung mit Vorbehalten zu betrachten sind, weil ver-schiedene Indizien darauf hindeuten, daß nicht alle Ärzte, die einen Schwangerschaftsabbruch ausgeführt haben, ihrer Meldepflicht nachkommen; ferner muß mit einer gewissen Zahl von illegalen Ab-brüchen gerechnet werden." Eines dieser Indizien ist die Tatsache, daß weit mehr Abtreibungen von Ärzten bei den Krankenkassen ab-gerechnet als an das statistische Bundesamt gemeldet werden.

Von 1984 bis 1989 betrug das Meldedefizit allein der gegenüber den gesetzlichen Krankenkassen abgerechneten Abtreibungen z.B. im Land Bayern durchschnittlich 55,2 Prozent. Anhand der Kassen-abrechnungen wurde für das Jahr 1984 die tatsächliche Zahl der Ab-treibungen bundesweit auf ca. 200.000 bis 250.000 geschätzt. Eine neuere Berechnung des Osnabrücker Sozialwissenschaftlers Prof. Manfred Spiecker geht von ca. 200.000 bis 210.000 Abtreibungen im Jahr 1987 aus. Der leichte Rückgang der offiziell gemeldeten Zahlen in den Jahren 1988 und 1989 läßt keinen Schluß auf einen gleichzeiti-gen Rückgang der tatsächlichen Abtreibungsziffer zu. Die verstärkte Diskussion über den Schwangerschaftsabbruch in den letzten Jahren, insbesondere die breite Berichterstattung über den „Mem-minger Abtreibungsprozeß" dürfte der Anlaß für den Rückgang der gemeldeten Zahlen sein. Wahrscheinlich ist, daß mehr Frauen als bisher die Abtreibung im Ausland durchführen lassen bzw. Ärzte verstärkt dazu übergehen, ohne statistische Meldung und nur gegen Barzahlung Abtreibungen vorzunehmen. Es kann auch nicht ausge-schlossen werden, daß die Diskussion über eine mögliche Strafbar-keit vieler „Notlagenabtreibungen"(da in den meisten Fallen tat-sächlich keine so schwere Notlage vorgelegen haben dürfte, daß sie nicht auch auf andere Weise hätte abgewendet werden können) in gewissem Umfang dazu beigetragen hat, daß sich die Gesamtzahl der erfaßten und nichterfaßten Abtreibungen leicht gemindert hat. Mangels geeigneter Überprüfungsmöglichkeiten müssen diese Über-legungen aber vage Vermutungen bleiben.

Das vom Bundesamt gesammelte Datenmaterial erstreckt sich auf eine Reihe von Strukturdaten (z.B. Gründe, Art, Ort des Schwangerschaftsabbruchs etc.), die zur Beurteilung der Abtreibungswirklichkeit hilfreich sind. Da die gemeldeten Abbrüche im Verhältnis zur geschätzten Gesamtzahl eine statistisch gesehen große „Stichprobe" darstellen, sind diese Strukturdaten als ziemlich verläßlich anzusehen. Gewisse Verzerrungen in einzelnen Bereichen sind aber nicht völlig auszuschließen.

Die große Masse der Abtreibungen - 1989 über 88 Prozent - wird seit Jahren mit einer „sonstigen schweren Notlage" begründet (sog. „soziale Indikation"). Die eugenische und die kriminologische Indikation weisen äußerst geringe Anteile von 1,2 bzw. 0,1 Prozent auf. Betrachtet man die Entwicklung seit der Reform von 1976, werden deutliche Trends erkennbar. So nahm die medizinisch-psychiatrische Indikation kontinuierlich von fast 50 auf etwa 9 Prozent ab. Im Gegenzug erhöhte sich der Anteil der Notlagenindikation von 45 auf 88,2 Prozent.

Der Trend zur ambulanten Abtreibung in einer gynäkologischen Praxis hat in den letzten Jahren stetig zugenommen und 1989 ein Niveau von 73 Prozent erreicht. Dies dürfte mehrere Ursachen haben. Zum einen ist der Zeitaufwand für die abtreibungsbereite Frau gegenüber einem meist mehrtägigen Krankenhausaufenthalt wesentlich geringer. Zum anderen läßt sich auf diese Weise der Abbruch leichter vor dem sozialen Umfeld verbergen. Auch die soziale Kontrolle, die zwangsläufig mit einem Krankenhausaufenthalt verbunden ist (Zusammenkommen mit anderen Patienten, Beteiligung mehrerer Personen mit vermutlich unterschiedlichster Einstellung zum Schwangerschaftsabbruch – Arzt, Oberarzt, Krankenpflegepersonal etc.) wird durch den verhältnismäßig anonymen ambulanten Abbruch in einer darauf spezialisierten Einrichtung vermieden.

Die Kapazität einer solchen Einrichtung beträgt, wenn nur ein Arzt tätig ist, 2000 bis 2500 Abtreibungen pro Jahr. Damit liegt die Vermutung nahe, daß sich das Abtreibungsgewerbe auf eine verhältnismäßig überschaubare Zahl von Ärzten konzentriert. Im Jahr 1982 rechneten z.B. zwei Ärzte in Wiesbaden allein 4021 Abtreibungen ab (wobei im selben Jahr für Wiesbaden nur 582 Abtreibungen offiziell gemeldet worden waren!). Auch bei den bislang durchgeführten Ermittlungs- und Strafverfahren gegen Ärzte, die Abtreibungen vorgenommen haben, sind nicht nur einige, sondern jeweils weit mehr als 1000 Abtreibungen festgestellt worden.

Die Häufigkeit der verschiedenen Abtreibungstechniken ist seit einigen Jahren stabil: etwa drei Viertel aller Abtreibungen werden durch Vakuumaspiration („Absaugen") durchgeführt, der verbleibende Teil der Schwangerschaften wird fast ausschließlich durch instrumentelle Kürettage („Ausschabung") beendet.

Die Abtreibungshäufigkeit schwankt in den Bundesländern erheblich. Auf eintausend Geburten kamen 1989 allein aufgrund der statistisch gemeldeten Zahlen in Bremen 615, in Hessen 333 und in Hamburg 309 Abtreibungen. Diese drei Länder halten seit einigen Jahren die vorderen Plätze in der Skala der Abtreibungshäufigkeit. Das sind auch die Länder mit der stärksten Präsenz von „Pro Familia"-Abtreibungskliniken, die fälschlich „Familienplanungszentren" genannt werden. Die Schlußlichter bilden Baden-Württemberg (42), Bayern (37) und Rheinland-Pfalz (30). Bei einem Vergleich dieser Zahlen muß aber berücksichtigt werden, daß innerhalb der Bundesrepublik Wanderungsbewegungen stattfinden. Ein Teil der abtreibungswilligen Frauen etwa aus Baden-Württemberg und Bayern läßt den Schwangerschaftsabbruch in Hessen durchführen, wo die ambulante Behandlung die Regel ist. Wie groß der sogenannte „Abtreibungstourismus" tatsächlich ist, läßt sich bislang aus der Statistik nicht ablesen. Es wäre aber ohne weiteres möglich, durch die anonyme Erfassung des Wohnortes – eventuell nur durch ein grobes Postleitzahlenraster – die räumliche Verteilung der Herkunft der Frauen zu ermitteln. Anhand des somit gewonnenen Zahlenmaterials ließe sich auch feststellen, ob die Abtreibungsneigung in unterschiedlichen soziologischen Strukturen (Stadt/Land, katholisch geprägte/protestantisch geprägte Gebiete) auch unterschiedlich ausgeprägt ist oder mit einer bestimmten Handhabung des Gesetzes ("restriktiv"/"liberal") korreliert. Gegenwärtig kann nur festgestellt werden, daß anscheinend besonders diejenigen Bundesländer eine „Sogwirkung" auf abtreibungswillige Frauen entfalten, in denen Abtreibungszentren von „Pro Familia" betrieben werden.

Von Interesse ist auch der Anteil der Frauen, die mehrfach Abtreibungen durchführen lassen. Er ergibt sich zwar nicht direkt aus der Bundesstatistik, kann aber aus Position 6 der Statistik ("Schwangerschaftsabbrüche nach dem Alter der Schwangeren sowie vorangegangener Schwangerschaften und deren Beendigung") näherungsweise errechnet werden. Seit 1976 hat sich der Anteil von 5,1 auf fast 18 Prozent erhöht. Diese starke Steigerung wird durch Zahlen aus den Niederlanden bestätigt: 1974 gab es dort 8,2 Prozent, 1984 19,1 Prozent Mehrfachabtreibende (Quelle: Eser/Koch, Schwangerschaftsabbruch im internationalen Vergleich, Band 1 – Europa -, S. 1056). Gleiches gilt für die DDR, in der sich die Mehrfachabtreibungen von 1976 bis 1987 verdreifacht haben (vgl. FAZ vom 19.03.90). An diesen Zahlen wird deutlich, daß Abtreibungen heute für eine zunehmende Zahl von Frauen zu einer von mehreren möglichen Alternativen der „Verhütung" geworden sind. Die bewußt-seinspervertierende Wirkung der weitgehenden Abtreibungsfreigabe zeigt sich unter anderem an diesen praktischen Auswirkungen. Die Schuld an dieser Entwicklung lastet aber in mindestens gleichem Umfang auf den Männern, die das Problem der Empfängnisregelung und der verantworteten Elternschaft in vielen Fällen allein auf die Frauen abwälzen und sogar nicht selten die Frau zum Schwangerschaftsabbruch drängen.

Aus den Strukturdaten der gemeldeten Abtreibungen läßt sich für die gesellschaftspolitische Diskussion jedenfalls eine Feststellung gewinnen: die ethisch umstrittensten Extremfälle (Minderjährige, schwerste Kindesschäden, Vergewaltigung) machen keineswegs die Hauptproblematik aus. Über 95 Prozent der abtreibenden Frauen sind volljährig, die Zahl der eugenischen Indikationen ist äußerst gering, die der Vergewaltigungsschwangerschaften kaum noch statistisch erfaßbar. Die Masse der Abtreibungen wird nicht umsonst mit einer „sonstigen Notlage" begründet, deren Existenz und Schwere vom Arzt praktisch nicht überprüft werden kann. Professionelle Abtreiber machen nach eigenen Angaben in Fernsehsendungen und Inteviews erst gar nicht den Versuch zu einer solchen Überprüfung.

In den Entwürfen für ein Schwangerenberatungsgesetz, das wegen Meinungsverschiedenheiten in der Koalition nicht weiterverfolgt wurde, war eine Koppelung zwischen statistischer Meldung und kassenärztlicher Abrechnung vorgesehen. Dadurch sollte die Statistik hinsichtlich der Erfassung der tatsächlichen Abtreibungszahlen verbessert werden. Für sich genommen mag eine solche Maßnahme sinnvoll erscheinen. Das Problem der Untererfassung der tatsächlichen Abtreibungszahlen wird dadurch aber nicht gelöst. Der gesamte Bereich der Privatversicherten und Beihilfeberechtigten, der „Privatzahler", sowie die Fälle von Falschabrechnung (etwa BMÄ '87 Nr. 1060 oder 1104) und die in jüngster Zeit wieder zunehmenden Auslandsabtreibungen würden weiter unberücksichtigt bleiben.

Eine Verbesserung der Statistik kann eine Verbesserung des Schutzes der ungeborenen Kinder nicht ersetzen.   (be)

II. Gesetzestexte

1. Die strafrechtlichen Bestimmungen gemäß den Paragraphen 218 ff. Strafgesetzbuch.

§ 218 Abbruch der Schwangerschaft

(1) Wer eine Schwangerschaft abbricht, wird mit Freiheitsstrafe bis zu drei Jahren oder mit Geldstrafe bestraft.

(2) In besonders schweren Fällen ist die Strafe Freiheitsstrafe von sechs Monaten bis zu fünf Jahren. Ein besonders schwerer Fall liegt in der Regel vor, wenn der Täter

1. gegen den Willen der Schwangeren handelt oder
2. leichtfertig die Gefahr des Todes oder einer schweren Gesundheitsbeschädigung der Schwangeren verursacht.

Das Gericht kann Führungsaufsicht anordnen (§ 68 Abs. 1 Nr. 2).

(3) Begeht die Schwangere die Tat, so ist die Strafe Freiheitsstrafe bis zu einem Jahr oder Geldstrafe. Die Schwangere ist nicht nach Satz 1 strafbar, wenn der Schwangerschaftsabbruch nach Beratung (§ 218 b Abs. 1 Nr. 1, 2) von einem Arzt vorgenommen worden ist und seit der Empfängnis nicht mehr als zweiundzwanzig Wochen verstrichen sind. Das Gericht kann von einer Bestrafung der Schwangeren nach Satz 1 absehen, wenn sie sich zur Zeit des Eingriffs in besonderer Bedrängnis befunden hat.

(4) Der Versuch ist strafbar. Die Frau wird nicht wegen Versuchs bestraft.

§ 218 a Indikation zum Schwangerschaftsabbruch

(1) Der Abbruch der Schwangerschaft durch einen Arzt ist nicht nach § 218 strafbar, wenn

1. die Schwangere einwilligt und
2. der Abbruch der Schwangerschaft unter Berücksichtigung der gegenwärtigen und zukünftigen Lebensverhältnisse der Schwangeren nach ärztlicher Erkenntnis angezeigt ist, um eine Gefahr für das Leben oder die Gefahr einer schwerwiegenden Beeinträchtigung des körperlichen oder seelischen Gesundheitszustandes der Schwangeren abzuwenden, und die Gefahr nicht auf eine andere für sie zumutbare Weise abgewendet werden kann.

(2) Die Voraussetzungen des Absatz 1 Nr. 2 gelten auch als erfüllt, wenn nach ärztlicher Erkenntnis

1. dringende Gründe für die Annahme sprechen, daß das Kind infolge einer Erbanlage oder schädlicher Einflüsse vor der Geburt an einer nicht behebbaren Schädigung seines Gesundheits-

zustandes leiden würde, die so schwer wiegt, daß von der Schwangeren die Fortsetzung der Schwangerschaft nicht verlangt werden kann,

2. an der Schwangeren eine rechtswidrige Tat nach den §§ 176 bis 179 begangen worden ist und dringende Gründe für die Annahme sprechen, daß die Schwangerschaft auf der Tat beruht, oder

3. der Abbruch der Schwangerschaft sonst angezeigt ist, um von der Schwangeren die Gefahr einer Notlage abzuwenden, die
   a) so schwer wiegt, daß von der Schwangeren die Fortsetzung der Schwangerschaft nicht verlangt werden kann, und
   b) nicht auf eine andere für die Schwangere zumutbare Weise abgewendet werden kann.

(3) In den Fällen des Absatzes 2 Nr. 1 dürfen seit der Empfängnis nicht mehr als zweiundzwanzig Wochen, in den Fällen des Absatzes 2 Nr. 2 und 3 nicht mehr als zwölf Wochen verstrichen sein.

§ 218 b Abbruch der Schwangerschaft ohne Beratung der Schwangeren

(1) Wer eine Schwangerschaft abbricht, ohne daß die Schwangere

1. sich mindestens drei Tage vor dem Eingriff an einen Berater (Absatz 2) gewandt hat und dort über die zur Verfügung stehenden öffentlichen und privaten Hilfen für Schwangere, Mütter und Kinder beraten worden ist, insbesondere über solche Hilfen, die die Fortsetzung der Schwangerschaft und die Lage von Mutter und Kind erleichtern, und

2. von einem Arzt über die ärztlich bedeutsamen Gesichtspunkte beraten worden ist,

wird mit Freiheitsstrafe bis zu einem Jahr oder mit Geldstrafe bestraft, wenn die Tat nicht in § 218 mit Strafe bedroht ist. Die Schwangere ist nicht nach Satz 1 strafbar.

(2) Berater im Sinne des Absatzes 1 Nr. 1 ist

1. eine von einer Behörde oder Körperschaft, Anstalt oder Stiftung des öffentlichen Rechts anerkannte Beratungsstelle oder

2. ein Arzt, der nicht selbst den Schwangerschaftsabbruch vornimmt und
   a) als Mitglied einer anerkannten Beratungsstelle (Nummer 1) mit der Beratung im Sinne des Absatzes 1 Nr. 1 betraut ist,
   b) von einer Behörde oder Körperschaft, Anstalt oder Stiftung des öffentlichen Rechts als Berater anerkannt ist oder
   c) sich durch Beratung mit einem Mitglied einer anerkannten Beratungsstelle (Nummer 1), das mit der Beratung im Sinne

des Absatzes 1 Nr. 1 betraut ist, oder mit einer Sozialbehörde oder auf andere geeignete Weise über die im Einzelfall zur Verfügung stehenden Hilfen unterrichtet hat.

(3) Absatz 1 Nr. 1 ist nicht anzuwenden, wenn der Schwangerschaftsabbruch angezeigt ist, um von der Schwangeren eine durch körperliche Krankheit oder Körperschaden begründete Gefahr für ihr Leben oder ihre Gesundheit abzuwenden.

§ 219 Abbruch der Schwangerschaft ohne ärztliche Feststellung

(1) Wer eine Schwangerschaft abbricht, ohne daß ihm die schriftliche Feststellung eines Arztes, der nicht selbst den Schwangerschaftsabbruch vornimmt, darüber vorgelegen hat, ob die Voraussetzungen des § 218 a Abs. 1 Nr. 2, Abs. 2, 3 gegeben sind, wird mit Freiheitsstrafe bis zu einem Jahr oder mit Geldstrafe bestraft, wenn die Tat nicht in § 218 mit Strafe bedroht ist. Die Schwangere ist nicht nach Satz 1 strafbar.

(2) Ein Arzt darf Feststellungen nach Absatz 1 nicht treffen, wenn ihm die zuständige Stelle dies untersagt hat, weil er wegen einer rechtswidrigen Tat nach Absatz 1 oder den §§ 218, 218 b, 219 a, 219 b oder 219c oder wegen einer anderen rechtswidrigen Tat, die er im Zusammenhang mit einem Schwangerschaftsabbruch begangen hat, rechtskräftig verurteilt worden ist. Die zuständige Stelle kann einem Arzt vorläufig untersagen, Feststellungen nach Absatz 1 zu treffen, wenn gegen ihn wegen des Verdachts einer der in Satz 1 bezeichneten rechtswidrigen Taten das Hauptverfahren eröffnet worden ist.

§ 219 a Unrichtige ärztliche Feststellung

(1) Wer als Arzt wider besseres Wissen eine unrichtige Feststellung über die Voraussetzungen des § 218 a Abs. 1 Nr. 2, Abs. 2, 3 zur Vorlage nach § 219 Abs. 1 trifft, wird mit Freiheitsstrafe bis zu zwei Jahren oder mit Geldstrafe bestraft, wenn die Tat nicht in § 219 mit Strafe bedroht ist.

(2) Die Schwangere ist nicht nach Absatz 1 strafbar.

(Vom Abdruck der §§ 219 b und 219 c wurde abgesehen)

§ 219 d Begriffsbestimmung

Handlungen, deren Wirkung vor Abschluß der Einnistung des befruchteten Eies in der Gebärmutter eintritt, gelten nicht als Schwangerschaftsabbruch im Sinne dieses Gesetzes.

Grundsatz: Die Tötung eines ungeborenen Kindes wird bestraft gemäß ...

§ 218	§ 218 b	§ 219
Strafbar nach § 218 ist grundsätzlich jeder Beteiligte. Aber ...	*Strafbar ist nur der Arzt. Aber ...*	

§ 218 III 2

Die Schwangere wird nicht bestraft, wenn

▲ sie beraten wurde und

▲ die Abtreibung durch einen Arzt vorgenommen wurde und

▲ die Abtreibung innerhalb von 22 Wochen nach der Empfängnis durchgeführt wurde.

Beachte:

■ Keine Indikation erforderlich!

■ Sehr lange Frist (das Kind ist schon 5 1/2 Monate alt)!

Ausnahme: § 218 a

Die Abtreibung ist nicht strafbar, wenn eine "Indikation" vorliegt:

▲ medizinische Indikation (ohne Frist),

▲ eugenische Indikation (22-Wochen-Frist),

▲ kriminologische Indikation (12-Wochen-Frist) oder

▲ sonstige Notlage ("soziale Indikation", 12-Wochen-Frist).

Beachte:

■ Keine Beratung erforderlich!

■ "Sonstige Notlage" nicht definiert, dadurch sehr weiter Spielraum in der Praxis (Anteil dieser Ind.: fast 90 % !)

Ausn.: § 218 b I

Der Arzt wird nicht bestraft, wenn die Frau

▲ in einer Beratungsstelle mind. 3 Tage vor dem Abbruch beraten wurde ("Sozialberatung"), und

▲ von einem Arzt über medizinische Gesichtspunkte beraten wurde.

Beachte:

Keine Beratung für das Leben vorgeschrieben!

Ausn.: § 219 I

Der Arzt wird nicht bestraft, wenn

▲ ihm die Bescheinigung eines anderen Arztes darüber vorgelegen hat, ob eine Indikation vorliegt.

Beachte:

Bescheinigung, "ob" eine Indikation vorliegt, nicht "daß" eine Indikation vorliegt!

©rabe

132

2. Die für die Länder der ehemaligen DDR weitergeltenden Bestimmungen (gemäß Anlage II, Sachgebiet C, Abschitt I, Ziff. 1, 4 und 5 des Einigungsvertrages)

● DDR-Strafgesetzbuch:

§ 153 Gesetzeswidrige Schwangerschaftsunterbrechung
(1) Wer entgegen den gesetzlichen Vorschriften die Schwangerschaft einer Frau unterbricht, wird mit Freiheitsstrafe bis zu drei Jahren oder mit Verurteilung auf Bewährung bestraft.

(2) Ebenso wird bestraft, wer eine Frau dazu veranlaßt oder sie dabei unterstützt, ihre Schwangerschaft selbst zu unterbrechen oder eine ungesetzliche Schwangerschaftsunterbrechung vornehmen zu lassen. Die Strafverfolgung verjährt in drei Jahren.

§ 154 Einwilligungslose und gewerbsmäßige Schwangerschaftsunterbrechung
(1) Wer die Tat ohne Einwilligung der Schwangeren vornimmt oder wer gewerbsmäßig oder sonst seines Vorteils wegen handelt, wird mit Freiheitsstrafe von einem Jahr bis zu fünf Jahren bestraft.

(2) Ebenso wird bestraft, wer durch Mißhandlung, Gewalt oder Drohung mit einem schweren Nachteil auf eine Schwangere einwirkt, um sie zur Schwangerschaftsunterbrechung zu veranlassen.

§ 155 Schwere Fälle
Wer durch eine Straftat nach den §§ 153 oder 154 eine schwere Gesundheitsschädigung oder den Tod der Schwangeren fahrlässig verursacht, wird mit Freiheitsstrafe von zwei bis zu zehn Jahren bestraft.

● Gesetz über die Unterbrechung der Schwangerschaft vom 9. März 1972:

§ 1 Recht auf Unterbrechung der Schwangerschaft; Aufklärungspflicht des Arztes
(Absatz 1 ist durch den Einigungsvertrag außer Kraft gesetzt.)
(2) Die Schwangere ist berechtigt, die Schwangerschaft innerhalb von 12 Wochen nach deren Beginn durch einen ärztlichen Eingriff in einer geburtshilflich-gynäkologischen Einrichtung unterbrechen zu lassen.

(3) Der Arzt, der die Unterbrechung der Schwangerschaft vornimmt, ist verpflichtet, die Frau über die medizinische Bedeutung des Eingriffs aufzuklären und über die künftige Anwendung

schwangerschaftsverhütender Methoden und Mittel zu beraten.
(4) Die Unterbrechung einer Schwangerschaft ist auf Ersuchen der Schwangeren und nur nach den Bestimmungen dieses Gesetzes und der zu seiner Durchführung erlassenen Rechtsvorschriften zulässig. Im übrigen gelten die §§ 153 bis 155 des Strafgesetzbuches vom 12. Januar 1968 (GBl. I S. 1).

§ 2 Unterbrechung der Schwangerschaft nach 12 Wochen

(1) Die Unterbrechung einer länger als 12 Wochen bestehenden Schwangerschaft darf nur vorgenommen werden, wenn zu erwarten ist, daß die Fortdauer der Schwangerschaft das Leben der Frau gefährdet, oder wenn andere schwerwiegende Umstände vorliegen.
(2) Die Entscheidung über die Zulässigkeit einer später als 12 Wochen nach Schwangerschaftsbeginn durchzuführenden Unterbrechung trifft eine Fachärztekommission.

§ 3 Unzulässigkeit der Schwangerschaftsunterbrechung

(1) Die Unterbrechung der Schwangerschaft ist unzulässig, wenn die Frau an einer Krankheit leidet, die im Zusammenhang mit dieser Unterbrechung zu schweren gesundheitsgefährdenden oder lebensbedrohenden Komplikationen führen kann.
(2) Die Unterbrechung einer Schwangerschaft ist unzulässig, wenn seit der letzten Unterbrechung weniger als 6 Monate vergangen sind. In besonderen Ausnahmefällen kann die Genehmigung von der Fachärztekommission gemäß § 2 Absatz 2 erteilt werden.

§ 4 Erkrankungsfall; *(Abgabe von Verhütungsmitteln)*

(1) Die Vorbereitung, Durchführung und Nachbehandlung einer nach diesem Gesetz zulässigen Unterbrechung der Schwangerschaft sind arbeits- und versicherungsrechtlich dem Erkrankungsfall gleichgestellt.
(Absatz 2 ist durch den Einigungsvertrag außer Kraft gesetzt.)

§ 5 Inkrafttreten; Außerkrafttreten; Durchführungsbestimmungen

(Abs. 1 und 2 enthalten die Vorschriften über das Inkrafttreten des Gesetzes und das Außerkrafttreten anderer Bestimmungen)
(3) Die Einzelheiten der Vorbereitung und Durchführung der Unterbrechung der Schwangerschaft, einschließlich der Nachbehandlung, legt der Minister für Gesundheitswesen in Durchführungsbestimmungen fest.

● Durchführungsbestimmung zum Gesetz über die Unterbrechung der Schwangerschaft:

§ 1 Zur Schwangerschaftsunterbrechung Berechtigte
(1) Das im Gesetz geregelte Recht, die Schwangerschaft durch ärztlichen Eingriff unterbrechen zu lassen, steht jeder Frau zu, ...
(Vom weiteren Abdruck wurde abgesehen.)

III. Die Entscheidung des Bundesverfassungsgerichts zur „Fristenregelung"

Am 25. Februar 1975 erklärte das Bundesverfassungsgericht das Fünfte Strafrechtsreformgesetz vom 18. Juni 1974 für verfassungswidrig. In dem Gesetz war Straffreiheit für Schwangerschaftsabbrüche in den ersten zwölf Wochen nach der Empfängnis vorgesehen, ohne daß ein besonderer Grund für die Abtreibung vorliegen mußte (sogenannte „Fristenregelung").
Es folgen Auszüge aus dem Urteil. Nach den zitierten Abschnitten ist in Klammern die Fundstelle nach der Seitennummerierung der amtlichen Entscheidungssammlung (Entscheidungen des Bundesverfassungsgerichts, Band 39, S. 1 ff.) angegeben.

Erläuterung:
nasciturus = (lat.) ungeborenes Kind (wörtl.: einer, der geboren werden wird).

(Leitsätze:)
1. Das sich im Mutterleib entwickelnde Leben steht als selbständiges Rechtsgut unter dem Schutz der Verfassung (Art. 2 Abs. 2 Satz 1, Art. 1 Abs. 1 GG).
Die Schutzpflicht des Staates verbietet nicht nur unmittelbare staatliche Eingriffe in das sich entwickelnde Leben, sondern gebietet dem Staat auch, sich schützend und fördernd vor dieses Leben zu stellen.
2. Die Verpflichtung des Staates, das sich entwickelnde Leben in Schutz zu nehmen, besteht auch gegenüber der Mutter.
3. Der Lebensschutz der Leibesfrucht genießt grundsätzlich für die gesamte Dauer der Schwangerschaft Vorrang vor dem Selbstbestimmungsrecht der Schwangeren und darf nicht für eine bestimmte Frist in Frage gestellt werden. (S. 1)

Bei der Auslegung des Art. 2 Abs. 2 Satz 1 GG ist auszugehen von seinem Wortlaut: „Jeder hat das Recht auf Leben ...". Leben im Sinne der geschichtlichen Existenz eines menschlichen Individuums besteht nach gesicherter biologisch-physiologischer Erkenntnis jedenfalls vom 14. Tage nach der Empfängnis (Nidation, Individuation) an (vgl. hierzu die Ausführungen von Hinrichsen vor dem Sonderausschuß für die Strafrechtsreform, 6. Wp., 74. Sitzung, StenBer. S. 2142 ff.). Der damit begonnene Entwicklungsprozeß ist ein kontinuierlicher Vorgang, der keine scharfen Einschnitte aufweist und eine genaue Abgrenzung der verschiedenen Entwicklungsstufen des menschlichen Lebens nicht zuläßt. Er ist auch nicht mit der Geburt beendet; die für die menschliche Persönlichkeit spezifischen Bewußtseinsphänomene z.B. treten erst längere Zeit nach der Geburt auf. Deshalb kann der Schutz des Art. 2 Abs. 2 Satz 1 GG weder auf den „fertigen" Menschen nach der Geburt noch auf den selbständig lebensfähigen nasciturus beschränkt werden. Das Recht auf Leben wird jedem gewährleistet, der „lebt"; zwischen einzelnen Abschnitten des sich entwickelnden Lebens vor der Geburt oder zwischen ungeborenem und geborenem Leben kann hier kein Unterschied gemacht werden. „Jeder" im Sinne des Art. 2 Abs. 2 Satz 1 GG ist „jeder Lebende", anders ausgedrückt: jedes Leben besitzende menschliche Individuum; „jeder" ist daher auch das noch ungeborene menschliche Wesen. (S. 37)

Die Pflicht des Staates, jedes menschliche Leben zu schützen, läßt sich deshalb bereits unmittelbar aus Art. 2 Abs. 2 Satz 1 GG ableiten. Sie ergibt sich darüber hinaus auch aus der ausdrücklichen Vorschrift des Art. 1 Abs. 1 Satz 2 GG; denn das sich entwickelnde Leben nimmt auch an dem Schutz teil, den Art. 1 Abs. 1 GG der Menschenwürde gewährt. Wo menschliches Leben existiert, kommt ihm Menschenwürde zu; es ist nicht entscheidend, ob der Träger sich dieser Würde bewußt ist und sie selbst zu wahren weiß. Die von Anfang an im menschlichen Sein angelegten potentiellen Fähigkeiten genügen, um die Menschenwürde zu gegründen. (S. 41)

Die Schutzpflicht des Staates ist umfassend. Sie verbietet nicht nur – selbstverständlich – unmittelbare staatliche Eingriffe in das sich entwickelnde Leben, sondern gebietet dem Staat auch, sich schützend und fördernd vor dieses Leben zu stellen, daß heißt vor allem, es auch vor rechtswidrigen Eingriffen von seiten anderer zu bewahren. An diesem Gebot haben sich die einzelnen Bereiche der Rechtsordnung, je nach ihrer besonderen Aufgabenstellung, auszurichten. Die Schutzverpflichtung des Staates muß um so ernster genommen werden, je höher der Rang des in Frage stehenden Rechtsgutes innerhalb der Wertordnung des Grundgesetzes anzusetzen ist. Das menschliche Leben stellt, wie nicht näher begründet werden muß, innerhalb der grundgesetzlichen Ordnung einen Höchstwert dar; es ist die vitale Basis der Menschenwürde und die Voraussetzung aller anderen Grundrechte. (S. 42)

Das Recht der Frau auf freie Entfaltung der Persönlichkeit, welches die Handlungsfreiheit im umfassenden Sinn zum Inhalt hat und damit auch die Selbstverantwortung der Frau umfaßt, sich gegen eine

Elternschaft und die daraus folgenden Pflichten zu entscheiden, kann zwar ebenfalls Anerkennung und Schutz beanspruchen. Dieses Recht ist aber nicht uneingeschränkt gewährt – die Rechte anderer, die verfassungsmäßige Ordnung, das Sittengesetz begrenzen es. Von vornherein kann es niemals die Befugnis umfassen, in die geschützte Rechtssphäre eines anderen ohne rechtfertigenden Grund einzugreifen oder sie gar mit dem Leben selbst zu zerstören, am wenigsten dann, wenn nach der Natur der Sache eine besondere Verantwortung gerade für dieses Leben besteht.

Ein Ausgleich, der sowohl den Lebensschutz des nasciturus gewährleistet als auch der Schwangeren die Freiheit des Schwangerschaftsabbruchs beläßt, ist nicht möglich, da Schwangerschaftsabbruch immer Vernichtung des ungeborenen Lebens bedeutet. Bei der deshalb erforderlichen Abwägung „sind beide Verfassungswerte in ihrer Beziehung zur Menschenwürde als dem Mittelpunkt des Wertsystems der Verfassung zu sehen" (BVerfGE 35, 202 (225)). Bei einer Orientierung an Art. 1 Abs. 1 GG muß die Entscheidung zugunsten des Vorrangs des Lebenschutzes für die Leibesfrucht vor dem Selbstbestimmungsrecht der Schwangeren fallen. Diese kann durch Schwangerschaft, Geburt und Kindeserziehung in manchen persönlichen Entfaltungsmöglichkeiten beeinträchtigt sein. Das ungeborene Leben hingegen wird durch den Schwangerschaftsabbruch vernichtet. Nach dem Prinzip des schonendsten Ausgleichs konkurrierender grundgesetzlich geschützter Positionen unter Berücksichtigung des Grundgedankens des Art. 19 Abs. 2 GG muß deshalb dem Lebenschutz des nasciturus der Vorzug gegeben werden. Dieser Vorrang gilt grundsätzlich für die gesamte Dauer der Schwangerschaft und darf auch nicht für eine bestimmte Frist in Frage gestellt werden. (S. 43)

Der Staat muß grundsätzlich von einer Pflicht zur Austragung der Schwangerschaft ausgehen, ihren Abbruch also grundsätzlich als Unrecht ansehen. In der Rechtsordnung muß die Mißbilligung des Schwangerschaftsabbruchs klar zum Ausdruck kommen. Es muß der falsche Eindruck vermieden werden, als handle es sich beim Schwangerschaftsabbruch um den gleichen sozialen Vorgang wie etwa den Gang zum Arzt zwecks Heilung einer Krankheit oder gar um eine rechtlich irrelevante Alternative zur Empfängnisverhütung. Der Staat darf sich seiner Verantwortung auch nicht durch die Anerkennung eines „rechtsfreien Raumes" entziehen, indem er sich der Wertung enthält und diese der eigenverantwortlichen Entscheidung des Einzelnen überläßt. (S. 44)

Der Abbruch einer Schwangerschaft zerstört unwiderruflich ent-standenes menschliches Leben. Der Schwangerschaftsabbruch ist eine Tötungshandlung; das wird aufs deutlichste dadurch bezeugt, daß die ihn betreffende Strafdrohung – auch noch im Fünften Straf-rechtsreformgesetz – im Abschnitt „Verbrechen und Vergehen wider das Leben" enthalten ist und im bisherigen Strafrecht als „Abtötung der Leibesfrucht" bezeichnet war – die jetzt übliche Bezeichnung als „Schwangerschaftsabbruch" kann diesen Sachverhalt nicht ver-schleiern. Keine rechtliche Regelung kann daran vorbeikommen, daß mit dieser Handlung gegen die in Art. 2 Abs. 2 Satz 1 GG ver-bürgte grundsätzliche Unantastbarkeit und Unverfügbarkeit des menschlichen Lebens verstoßen wird. Von hier aus gesehen ist der Einsatz des Strafrechts zur Ahndung von „Abtreibungshandlungen" ohne Zweifel legitim; … Ebenso ergibt sich hieraus, daß auf eine klare rechtliche Kennzeichnung als „Unrecht" nicht verzichtet wer-den kann. (S. 46)

Die pauschale Abwägung von Leben gegen Leben, die zur Freigabe der Vernichtung der vermeintlich geringeren Zahl im Interesse der Erhaltung der angeblich größeren Zahl führt, ist nicht vereinbar mit der Verpflichtung zum individuellen Schutz jedes einzelnen konkreten Lebens.
In der Rechtsprechung des Bundesverfassungsgerichts ist der Grund-satz entwickelt worden, daß die Verfassungswidrigkeit einer gesetz-lichen Vorschrift, die ihrer Struktur und tatsächlichen Wirkung nach einen bestimmten Personenkreis benachteiligt, nicht mit dem Hin-weis darauf widerlegt werden kann, daß diese Vorschrift oder andere Bestimmungen des Gesetzes einen anderen Kreis von Personen be-günstigt. Noch weniger genügt hierfür die Betonung der allgemein rechtsschutzfreundlichen Tendenz des Gesetzes im Ganzen. Dieses Prinzip (vgl. BVerfGE 12, 151 (168); 15, 328 (333); 18, 97 (108); 32, 260 (269)) muß in besonderem Maße für das höchstpersönliche Rechtsgut „Leben" gelten. Der Schutz des einzelnen Lebens darf nicht deswegen aufgegeben werden, weil das an sich achtenswerte Ziel verfolgt wird, andere Leben zu retten. Jedes menschliche Le-ben – auch das erst sich entwickelnde Leben – ist als solches gleich wertvoll und kann deshalb keiner irgendwie gearteten unterschied-lichen Bewertung oder gar zahlenmäßigen Abwägung unterworfen werden. (S. 58/59)

Die leidenschaftliche Diskussion der Abtreibungsproblematik mag Anlaß zu der Befürchtung geben, daß in einem Teil der Bevölkerung der Wert des ungeborenen Lebens nicht mehr voll erkannt wird. Das gibt jedoch dem Gesetzgeber nicht das Recht zur Resignation. (S. 66)

Die im Fünften Strafrechtsreformgesetz getroffene Regelung wird bisweilen mit dem Hinweis verteidigt, daß in anderen demokratischen Ländern der westlichen Welt in jüngster Zeit die strafrechtlichen Vorschriften über den Schwangerschaftsabbruch in ähnlicher oder noch weitergehender Weise „ liberalisiert" oder „ modernisiert" worden seien; dies sei ein Anzeichen dafür, daß die Neuregelung jedenfalls der allgemeinen Entwicklung der Anschauungen auf diesem Gebiet entspreche und mit fundamentalen sozialethischen und rechtlichen Prinzipien nicht unvereinbar sei.

Diese Erwägungen können die hier zu treffende Entscheidung nicht beeinflussen. Abgesehen davon, daß alle diese ausländischen Regelungen in ihren eigenen Ländern stark umstritten sind, unterscheiden sich die rechtlichen Maßstäbe, die dort für das Handeln des Gesetzgebers gelten, wesentlich von denen der Bundesrepublik Deutschland.

Dem Grundgesetz liegen Prinzipien der Staatsgestaltung zugrunde, die sich nur aus der geschichtlichen Erfahrung und der geistig-sittlichen Auseinandersetzung mit dem vorangegangenen System des Nationalsozialismus erklären lassen. Gegenüber der Allmacht des totalitären Staates, der schrankenlose Herrschaft über alle Bereiche des sozialen Lebens für sich beanspruchte und dem bei der Verfolgung seiner Staatsziele die Rücksicht auch auf das Leben des Einzelnen grundsätzlich nichts bedeutete, hat das Grundgesetz eine wertgebundene Ordnung aufgerichtet, die den einzelnen Menschen und seine Würde in den Mittelpunkt aller seiner Regelungen stellt. Dem liegt, wie das Bundesverfassungsgericht bereits früh ausgesprochen hat (BVerfGE 2, 1 (12)), die Vorstellung zugrunde, daß der Mensch in der Schöpfungsordnung einen eigenen selbständigen Wert besitzt, der die unbedingte Achtung vor dem Leben jedes einzelnen Menschen, auch dem scheinbar sozial „wertlosen", unabdingbar fordert und der es deshalb ausschließt, solches Leben ohne rechtfertigenden Grund zu vernichten. Diese Grundentscheidung der Verfassung bestimmt Gestaltung und Auslegung der gesamten Rechtsordnung. Auch der Gesetzgeber ist ihr gegenüber nicht frei; gesellschaftspolitische Zweckmäßigkeitserwägungen, ja staatspolitische Notwendigkeiten können diese verfassungsrechtliche Schranke nicht überwinden (BVerfGE 1, 14 (36)). Auch ein allgemeiner Wandel der hierfür in der Bevölkerung herrschenden Anschauungen – falls er überhaupt festzustellen wäre – würde daran nichts ändern können. (S. 66/67)

IV. Adressen und Literaturhinweise

Adressen der Herausgeber:

Falls Sie mit einer der an der Herausgabe dieses Buches beteiligten Vereinigungen und Initiativen Kontakt aufnehmen wollen, wenden Sie sich bitte an die folgenden Adressen:

Aktion Lebensrecht für Alle e.V.
Jesuitengasse 15, 8900 Augsburg 1.

Christdemokraten für das Leben e.V.
Haus Laer, 5778 Meschede.

Juristen-Vereinigung Lebensrecht e.V.
Postfach 10 06 65, Kommödienstr. 56, 5000 Köln 1.

Liberaler Gesprächskreis Lebensrecht
Frau Liesel Dahmen, Ickerswarderstr. 196,
4000 Düsseldorf 13.

Pro Vita – Freikirchliche Initiative für das Leben
Hermann Löns-Park 7, 3000 Hannover 71.

Falls Sie zum Inhalt dieses Buches Stellung nehmen oder Änderungs- und Verbesserungsvorschläge machen wollen, wenden sie sich bitte an folgende Anschrift:

Christdemokraten für das Leben,
z.Hd. Herrn Rainer Beckmann, Haus Laer, 5778 Meschede.

Literaturhinweise:

ALfA-Rundbrief
Vierteljahresschrift der Aktion Lebensrecht für Alle e.V.
(ALfA). Bezugsadresse: ALfA-Büro Bonn,
Bornheimer Str. 90, 5300 Bonn 1.

Schriftenreihe der Juristen-Vereinigung Lebensrecht e.V.
Bezugsadresse: Juristen-Vereinigung Lebensrecht e.V.,
Postfach 10 06 65, 5000 Köln 1.

Auf Leben und Tod – Abtreibung in der Diskussion
Hrsg. von Paul Hoffacker/Benedikt Steinschulte/
Paul-Johannes Fietz. 4. Auflage, Bastei-Lübbe Verlag,
Bergisch-Gladbach 1986.
(Die 5., völlig neubearbeitete Auflage ist in Vorbereitung und er-
scheint in der ersten Jahreshälfte 1991.)

Der Status des Embryos
Hrsg. vom Institut für medizinische Anthropologie und Bioethik
(Wien) und der Schweizerischen Gesellschaft für Bioethik (Zü-
rich). Fassbaender Verlag, Wien 1989.

The Moral Question of Abortion
Von Stephen D. Schwarz. Loyola University Press, Chicago 1990.
(Deutsche Übersetzung in Vorbereitung)

Zum Strafrecht:
Dreher/Tröndle – Kommentar zum Strafgesetzbuch
Begründet von Eduard Dreher, fortgesetzt von Herbert Tröndle.
45. Auflage, C. H. Beck Verlag, München 1991.